AF383857

DIALOGUES

ENTRE

LES PHILOSOPHES

MODERNES.

TOME II.

Cred an carbone notandi.

A GENÈVE,

Chez les Frères Cramer, Libraires.

AVERTISSEMENT

DE L'AUTEUR.

ON a souvent donné aux Anciens beaucoup plus d'esprit qu'il ne s'é-toient avisés d'en avoir; voudroit-on m'ôter le peu que j'en ai ? On juge de mon ouvrage sur l'idée que l'on s'en fait, & l'on ne veut pas saisir celle que je me suis proposée en le composant. On prononce sur le tout dont on n'a encore vu qu'une partie. On apprécie mes réponses aux difficultés, avant que j'aie entrepris de répondre, J'ai jugé à propos de laisser le lecteur considérer à son aise les productions de ces cerveaux si singuliérement organisés, & l'on veut que de jolis incidens ayent dû interrompre le fil des entretiens & des matieres. J'ai cru utile de donner un rôle à chaque Philosophe ; & l'on trouve mauvais que je fasse intervenir un si grand nombre d'Interlocuteurs. On me reproche de ne rien apprendre, & de ne répéter que ce que tout le monde sait, & d'autres me reprochent d'apprendre ce que l'on ne savoit pas. On exigeroit plus de suites dans les propos ; & l'on ne sent pas que le désordre qui y regne, appartient en propre à ceux qui parlent, & non à celui qui rend compte de ce qui a été dit ; plus d'enjouement, & de sel attique ; & l'on ne réfléchit pas que le public, toujours en garde contre le plaisant qui l'amuse, en applaudissant à ses saillies, doute de sa véracité, & le soupçonne d'avoir sacrifié la vérité à un bon mot. On trouve invraisemblable qu'un étranger parle avec si peu de ménagement & d'égards aux personnes mêmes qui l'admettent dans leurs assemblées ; & l'on ne remarque pas que les Philosophes se ménagent encore moins entr'eux , & qu'un Italien ne s'eſt jamais piqué de la politeſſe d'un François. On demanderoit des entretiens plus ſoutenus dans chaque Perſonnage ; & l'on ne fait pas attention que lorſqu'un Perſonnage n'a dit qu'un mot , je ne puis lui en faire dire deux. Reſtons-en là; car l'on ſait que la babillarde, (*a*) demande toujours , & que dans tous les temps, elle a voulu avoir le dernier mot. Je n'ai point eu deſſein de compoſer une comédie, ou un roman. Mon ouvrage n'eſt qu'un expoſé fidele des ſyſtêmes philoſophiques. Ce ſera un Drame, ſi l'on veut , mais dont les Philoſophes fourniſſent le fond & la façon. Mon Interlocuteur n'y paroît que pour écouter & s'inſtruire. Si la converſation n'eſt pas ſuivie , ſi elle eſt ennuyeuſe, peſante, inintelligible, à qui doit-on s'en prendre ? Aux Auteurs, ou au Copiſte ? Je n'ai pu

---

(*a*) La Critique.

donner aux difcours des Philofophes, d'autre liaifon que celle qu'ils
ont. Ces Ecrivains n'ont rien de
foutenu dans leurs attaques. Leurs
penfées font, de leur aveu, toutes
découfues. Ils n'infultent le Chriftianifme que par extraits. S'ils heur-
toient de front la force de fes preuves, ils tomberoient dans l'abfurdité
comme Voltaire, ou fe perceroient
de leurs propres armes comme Rouffeau. Leurs combats ne font que de
légeres efcarmouches ; des traits
jettés çà & là, & de loin en loin,
qu'ils font paffer à la faveur de
quelques poëfies légeres, ou de certaines anecdotes plaifantes. Que l'on
compare quelques-uns de mes Dia-
logues fur l'exiftence de Dieu, &
ceux fur - tout où Voltaire &
Rouffeau difent alternativement le
pour & le contre, avec les Dialo-
gues qui paroiffent trop défunis &
trop brufques ; on fentira facilement
que la différence du jeu vient de la
différence de la matiere ; là abondan-

te, ici ftérile. Ce n'eft pas que dans ces
endroits mêmes, je n'euffe pû donner
plus d'étendue au rôle de chaque Interlocuteur, mais ce n'auroit été que
des redites faftidieufes ; puifque les
derniers venus n'ont fait que tranf-
crire les affertions des Maîtres qui
les ont précédés, comme ceux - ci
avoient emprunté des premiers ennemis de la Religion, tout ce que
de nos jours ils ont débité contre
elle.

Mon but n'a point été de faire
parade d'efprit, mais de mettre en
évidence celui des Philofophes modernes, en les montrant tels qu'ils
font. Pafchal a raillé tout à fon aife
une doctrine ufée, & dans laquelle
perfonne ne prenoit plus aucun
intérêt. Je me trouve dans une fi-
tuation bien différente. On ne penfe
gueres à rire quand le feu eft à la
maifon. Je ne hais point les Philofophes. Leurs paradoxes inouis ne
me donnent que de la pitié pour
leur incroyable aveuglement. J'ai

cru que la meilleure fatyre qu'il fût possible d'en faire, étoit de les expofer fimplement & fans apprêt. Je ne fais fi tout le monde penfe comme moi ; mais j'ai plus de plaifir à voir un champion fe battre les flancs envain, bâtir & renverfer, établir des principes & les détruire auffitôt, chanter en un mot une éternelle palinodie ; que je n'en aurois à parcourir une foule de preuves convaincantes & péremptoires que l'on oppoferoit férieufement à fon ridicule verbiage. Qu'étoit-il befoin de prodiguer la plaifanterie fur des gens qui fe jouent les uns des autres; de faire dépenfe de raifonnement vis-à-vis d'affertions déclarées non recevables par des affertions contraires ? Il n'eft pas d'ailleurs une difficulté propofée par les Philofophes, dont la folution n'ait été donnée par les Philofophes mêmes. Je ne puis m'imaginer être dans le cas de la redite. Je ne connois point d'ouvrage qui réuniffe fous un feul point de vue

ce grand nombre d'opinions philofophiques avec toutes leurs abfurdités. Je penfe encore moins que le
public les connût avec tout leur
cortége d'inconféquences. Les Philofophes auroient-ils fait la conquête
d'un feul difciple, s'ils avoient étalé
nuement, ce corps de doctrine qu'ils
ont pallié avec tant d'art ?

Quel eft donc mon principal but ?
Quoique très-fimple, des hommes
très-diftingués à tous égards, ne le
croyent pas fans quelque mérite ;
ineft etiam fua gratia parvis. Il
confifte à mettre au jour les enfei-
gnements bizarres dont on a été dupe ; à ouvrir les yeux aux perfonnes
féduites, en leur rendant fenfibles
la foibleffe & le ridicule des moyens
employés à les féduire ; à tirer de
leur enveloppe ces inconféquences
& abfurdités qui étoient fi artifte-
ment enchaffées, que le cadre décidoit les moins clairvoyants en
faveur du tableau ; en un mot, à fixer
le lecteur par la confidération de

trois grands objets, 1°. des anciens Philosophes qui cherchent la vérité sans l'atteindre ; 2°. des Philosophes modernes qui la voyent & la fuient ; 3°. de Jesus-Christ qui l'enseigne & la démontre. Des Payens qui rendent hommage à la Religion, & qui la persécutent ; des mauvais Chrétiens qui l'outragent & qui la calomnient ; de la Religion qui triomphe des Sophistes & des persécuteurs. Le but de mon ouvrage est de prouver que ceux qui insultent au systême de la Religion, ne lui opposent que des systêmes dignes de la risée & du mépris de tout homme sensé ; d'épargner aux lecteurs la peine de recourir aux sources, en leur ouvrant le magasin philosophique, où ils trouveront à leur choix, toutes les pieces propres à défarmer les zélotes du parti. Mon ouvrage prouve que le Christianisme est confirmé par ceux mêmes qui s'efforcent de le détruire, & que ce n'est plus au Chrétien à militer pour sa croyance,

mais au Peuple philosophe à inter=
préter les oracles ambigus de la
Secte, aussi opposés entr'eux, qu'ils
le sont à la Religion chrétienne.
Peut-on, disoit Lactance, exiger
des preuves plus solides de la vérité
que nous défendons, que les témoignages des ennemis même qui la
combattent ? *Satis firmum est testi-
monium ad probandam veritatem ,
quod ab ipsis perhibetur inimicis.*
Divin. instit. L. 4. C. 12.

N O M S

DES INTERLOCUTEURS

De la III.ᵉ & de la IV.ᵉ Partie.

Accortino.	J. J. Rousseau.
Pazzoni.	Diderot.
Madame Ménoqui.	Dalembert.
Lucrece le moderne.	Boullanger.
Le Milicien.	Toussaint.
Le Grenadier.	De Lisle de Salse.
Bayle.	Pope.
La Metrie.	Locke.
Maillet.	Bacon.
Freret.	Hume.
Le Marquis d'Argens.	Shaftesbury.
Montesquieu.	Bolinbrok.
Helvetius.	Sydney.
Voltaire.	Varbufton, Evêque de Glocester.

DIALOGUES

ENTRE

LES PHILOSOPHES

MODERNES.

TROISIEME PARTIE.

RELIGION.

PROLOGUE.

PYTHAGORE, Solon, Licurgue, Numa, ont cru que l'idée d'une Divinité vengeresse du crime, & rémunératrice de la vertu, devoit servir de base à toute législation. Il n'est aucun peuple connu qui ne l'ait toujours admise, comme une vérité incontestable. On ne trouvera nulle part, dit Plutarque, une Ville sans

la connoissance d'un Dieu , & d'une
Religion , & l'on bâtiroit plutôt une
ville en l'air , que de fonder une République sans aucun culte Religieux. Le
vrai culte en est l'appui, remarque Platon.
Dans toute République bien ordonnée,
le premier soin doit être d'y établir la
vraie Religion , non une fausse ou une
fabuleuse, qui rejette la Religion, &
arrache les fondements de la société humaine. Il ne doit être permis à personne
d'avoir des Dieux particuliers, d'adorer
le vrai Dieu selon son caprice , ou de
se faire une religion à part. La piété
est la chose du monde la plus desirable ,
& qu'il seroit très-avantageux d'apprendre , si l'on avoit de bons maîtres pour
cela ; mais qui sera en état de l'ensei-
gner, si Dieu ne lui sert de guide ?
Cicéron pensoit qu'il n'appartenoit qu'aux
Prêtres , qui approchent plus près de la
Divinité, de conduire dans cette voie.
» En matiere de Religion, dit-il, je me
» rends à ce que disent les Grands Pon-
» tifes Coruncanius, Scipion, & Scœvola,
» & non pas aux sentiments de Zénon ,
» ou de Cléante, ou de Chrysippe. Je
» préfere ce qu'en a écrit Lelius, qui
» étoit de nos augures , à tout ce que
» les plus illustres Stoïciens m'en veu-

» droient apprendre, & comme la Reli-
» gion du peuple Romain a d'abord con-
» fifté dans les aufpices & les facrifices,
» à quoi l'on a depuis ajouté les prédic-
» tions, j'ai toujours cru qu'on ne devoit
» rien méprifer de ce qui a rapport à
» ces trois chefs. Je me fuis même
» perfuadé que Romulus, par les aufpi-
» ces qu'il ordonna, & Numa par les
» Sacrifices qu'il établit, avoient jetté
» les fondements de Rome, qui fans
» doute n'auroit pu s'élever à ce haut
» point de grandeur, fi elle ne s'étoit
» attiré par fon culte, la protection
» des Dieux ». Il ne donne aux Romains la fupériorité fur les autres
Nations, qu'à raifon de fa piété & de
fa religion envers les Dieux. Cotta l'A-
cadémicien étoit également d'avis que
fur l'article de la Religion, on s'en rint
à l'inftruction des Prêtres, & que l'on
fe gardât bien de confulter les Philofophes. Valere-Maxime attribue également
la gloire des Romains au foin fcrupu-
leux avec lequel ils pratiquoient les plus
petites cérémonies de la Religion, &
n'omettoient rien de ce qui regardoit le
culte des Dieux. En conféquence la loi
décernoit contre ceux qui introduifoient
des Religions nouvelles & inconnues,

l'exil, s'ils étoient d'une condition honnête, & la peine de mort, s'ils n'en
étoient pas. *Qui novas & usu vel ratione
incognitas religiones inducunt, ex quibus
animi hominum moveantur, honestiores
deportantur, humiliores capite puniuntur.*

» Je fuis la nouveauté en tout, écri-
» voit Julien au Pontife Théodore, mais
» particuliérement en ce qui regarde les
» Dieux, perfuadé que nous devons ob-
» ferver les loix qui, dès les premiers
» temps, font en ufage dans la patrie, car
» il eft évident qu'elle les a reçues des
» Dieux ». Dans fa lettre aux habitants
de Boftres, il ne veut pas que ceux qui
font dans l'erreur, attaquent ceux qui,
fuivant la tradition de tous les fiecles,
rendent aux Dieux un culte légitime.
» Tout l'ordre civil en général, difoit
» le Marquis de Mirabeau, a l'intérêt
» le plus direct à réprimer toute liberté
» de penfer & d'écrire contre la Reli-
» gion. Par-tout où cette licence effré-
» née a un libre cours, l'autorité y eft
» chancelante, & fujette à de grandes
» variations ». St. Evremond penfoit
que la feule bienféance & le refpect que
l'on doit à fes femblables, défendoient
une pareille licence. La philofophie de
Spinofa, qui donne la liberté de tout

penſer & de tout dire, ne peut diſpenſer du reſpect qui eſt dû à la Religion & aux Loix (*a*). D'ailleurs, obſerve M. Dagueſſeau, la Religion Chrétienne eſt la vraie philoſophie.

Celle penſe au contraire que l'on ne doit que du mépris aux Miniſtres de la Religion, qu'il appelle des *vers*, *des grenouilles*, & *des hiboux* ; les Apôtres *des magiciens*, *des foux*, *des charlatans*, dont les diſcours ſont bas & rampants. Porphire traite ceux-ci d'hommes ruſtiques & pauvres ; Julien, d'hommes très-méchants ; Hierocles, de menteurs & d'ignorants. Enfin Arnaud de Breſſe veut que l'on ôte aux Prêtres leur rang, leurs richeſſes & leur autorité.

[*a*] His oſtendimus 1°. impoſſibile eſſe libertatem hominibus dicendi ea quæ ſentiunt, adimere. 2°. Hanc libertatem ſalvo jure & autoritate ſummarum poteſtatum unicuique concedi, & eandem unumquemque ſervare poſſe, ſi nullam indè licentiam ſumat ad aliquid in Rempublicam, tanquàm jus introducendum, vel aliquid contrà leges receptas agendum.

DIALOGUE PREMIER.

Accortino. Allez-vous traiter, MM.
de la Religion en général, ou de la
nôtre en particulier.

Mde. Men. » Toutes les Institutions
» religieuses datent des temps d'igno-
» rance. » (a)

Accort. Vous n'en exceptez pas même la Religion Chrétienne.

Dider. Aucune. » L'exemple , les
» prodiges, l'autorité, peuvent faire des
» dupes & des hypocrites, & la raison
» seule de vrais croyants. » (b)

Accort. Est-ce être dupe que de
croire aux vrais prodiges ? Est-on hypocrite quand on se soumet à l'autorité légitime ?

Mde. Men. » Oui, car si l'on consi-
» dere avec attention la funeste chaîne
» des erreurs & des vices qui affligent
» l'humanité, on verra qu'elle part de
» l'Autel & du Trône. » (c)

(a) Essais sur les préjugés, ou de l'influence de l'opinion sur les mœurs, contenant l'Apologie de la Philosophie. p. 374.

(b) Pens. phil. n. 9. & 96.

(c) Essais sur les préjugés , &c.

ACCORT. Comment entendez - vous cela ? Ignorez-vous que le Trône défend l'Autel, & que l'Autel proscrit toutes les erreurs, & reprend tous les vices.

Le MILIC. Vous êtes plaisant de nous dire que le Trône défend l'Autel, » com- » me si le Magistrat & la République » avoient droit de me commander sur » l'article de la Religion ? » (d)

ACCORT. Pourquoi non, si cette Religion est la seule véritable, & la seule dominante dans l'État ?

LUCR. Il ne le pourroit pas encore. » Car si nous consultons l'expérience, » nous verrons que c'est dans l'illusion » des opinions sacrées, que nous devons » chercher la source véritable de cette » foule de maux dont nous voyons par- » tout le genre humain accablé. » (e)

ACCORT. Quoi ? Sans la Religion, il n'y auroit ni grêles, ni guerres, ni pestes, ni maladies, ni ouragans, ni volcans, ni goutte, ni gravelle ? Sans la Religion, il n'y aura plus de passions nuisibles à l'individu & à la société ?

VOLT. Il n'y a point à plaisanter.

____

(d) Milit. Phil. p. 32.
(e) Syst. de la nat.

» Personne n'a prouvé comme nous que
» la superstition est le plus horrible en-
» nemi du genre humain. » (*f*)

ACC. Comment l'avez-vous prouvé ?

VOLT. En démontrant » qu'elle est
» un serpent qui entoure la Religion de
» ses replis. Ecrasons-lui la tête, mais
» gardons-nous bien de blesser celle
» qu'il infecte & qu'il dévore. » (*g*)

ACCORT. Vous distinguez donc entre
la Religion & la Superstition ? Vous res-
pectez l'une, vous détestez l'autre ; nous
faisons la même distinction, & nous
avons les mêmes sentiments que vous.

Mde. MEN. Frivole distinction. » Assez
» long-temps les hommes ont été élevés
» pour les Dieux, les Prêtres, & les
» Tyrans. Assez long-temps aussi la Philo-
» sophie elle-même ne présente que des
» remedes trop foibles pour la gran-
» deur du mal. » (*h*)

ACCORT. Cette insuffisance ne seroit-
elle point autant dans les Philosophes
que dans la Philosophie ?

DID. Ce n'est point à cela qu'il tient.
» C'est qu'il faut ménager la Religion

(*f*) Pensées sur l'administrat. publiq.
(*g*) Questions sur l'Encyc. a. Dieu.
(*h*) Essais sur les préj. p. 220, 1 ?.

» & le peuple, fi redoutables l'un par
» l'autre. » (*i*)

Mde. MEN. Il n'y a plus rien à ménager. » Affez long - temps, mortels,
» vous fûtes les dupes de ces Empyri-
» ques facrés, qui vous ont endormi dans
» l'efpérance vaine de voir ceffer vos
» maux. » (*k*)

ACCORT. Contre qui vous fâchez-
vous, Madame ?

VOLT. » Contre ces monftres qui
» ont befoin de fuperftitions, comme
» le gofier du corbeau a befoin de cha-
» rognes. » (*l*)

ACCORT. La *Superftition* peut-elle jamais être néceffaire ou utile à perfonne ?

BOULLANG. Oui » à ceux parmi lef-
» quels nous voyons régner l'orgueil,
» l'avarice, la lubricité, l'efprit de
» domination & de vengeance. » (*m*)

ACCORT. Ils auroient plutôt *befoin*
d'une bonne leçon du Chriftianifme pour
fe corriger, que des maximes dépravées
de la *Superftition*, qui achevent de les

____

(*i*) Encyc. a. Fanatifme. p. 401.
(*k*) Effais fur les préj. p. 232.
(*l*) Dict. phil. à. Théifme.
(*m*) Chrift. dev. p. 5.

corrompre. Mais de qui voulez - vous parler.

VOLT. » De ces prétendus Précep-
» teurs, & des ennemis du genre hu-
» main. » (n)

ACCORT. Ils enseignent donc une doctrine pernicieuse?

Mde. MEN. Qui en doute ? » Nous
» ne devons point nous adresser à eux,
» mais à la nature, à l'expérience, à
» la raison pour découvrir ce que nous
» devons à nous-mêmes & à la so-
» ciété. » (o)

BOULL. » Nous nous adresserions à
» des pédagogues mercenaires, à des
» ames abjectes & rétrécies, des guides
» ineptes, & méprisables, des pédans
» avilis aux yeux mêmes de ceux qui leur
» confient leurs enfants. » (p)

VOLT. » A des ânes, des sots, des
» crocants, des cuistres, des marauts,
» des sodomites, des yvrognes. »

ACCORT. Votre pinceau n'est pas moins énergique que brillant. Vous enchérissez sur tous vos confreres. Mais encore une fois à qui en voulez - vous ?

(n) Premiere lettre au Roi de Prusse.
(o) Syst. soc. p. 40.
(p) Christ. dev. p. 10. 19.

Le M. D'Arg. » Aux Théologiens qui
» reſſemblent à des Maîtres d'optique,
» qui ne préſentent rien de vrai ni de
» réel à l'eſprit, & qui ne l'attachent
» que par des ſecrets qui perdroient
» tout leur prix, s'ils étoient connus. » (q)
Volt. Bien loin d'être, *connus*,

Ils ont des partiſans, & l'on honore en France (r)
De ces ânes fourés, l'imbécille ignorance.
Ça dis-moi tête chauve, ou toi qui dans un froc,
Des arguments en forme as ſoutenu le choc,
Penſes-tu que Socrate & le juſte Ariſtide,
Penſes-tu que Trajan, Marc-Aurele, Titus,
Noms chéris, noms ſacrés que tu n'as jamais lus,
Sont au fond des enfers empalés par les diables,
Et que tu ſeras, toi de rayons couronné,
Pour avoir quelque temps chargé d'une beſace,
Dormi dans l'ignorance, & croupi dans la craſſe.

Accort. Que cela eſt donc bien dit !
quel coloris ! quelle aménité ! quelles graces ! Vous nous aviez déjà donné un
échantillon de cette magnifique tirade ;
mais on ne peut revenir trop ſouvent à
de ſi belles choſes.

Le Gren. Nous aurons beau dire &

(q) Lett. Chin. t. 5. p. 194.
(r) Poëme de la Loi naturelle.

beau faire, ils continueront à dominer sur les peuples, « parce qu'un docteur » est de ces êtres très-communs, qui par- » lent toujours très-haut, ont un ton » décidant en tout, sont effrontés, & » même insolents, se donnent l'appa- » rence de la science, & trompent les » sots. » (*f*)

ACCORT. La réunion de toutes ces qualités est-elle nécessaire pour parvenir au doctorat ?

BOULL. » Il est certain que si dans » un État chrétien l'on y trouve de » la science & des mœurs sociales, » c'est qu'en dépit de leurs opinions » religieuses, la nature, toutes les fois » qu'elle le peut, ramene les hommes » à la raison, & les force de travail- » ler à leur propre bonheur. » (*t*)

ACCORT. *Il est certain qu'il n'y a pas de mœurs sociales dans un État* où la religion prescrit la candeur, la bonne foi, l'amour mutuel. Que les promesses de délices ineffables, d'un torrent de voluptés pures & éternelles, ne donnent point l'idée d'un bonheur qui puisse servir d'aiguillon à la vertu.

___

(*f*) Alamb. mor. p. 220.
(*t*) Chrift. dev. p. 9.

Le Marq.

(25)

Le Marq. D'ARG. Voilà ce que l'on
nous fait accroire. » Je regarde un
» Théologien comme un négociant qui
» voudroit qu'on reçût ses marchandises
» sans les examiner. C'est ainsi que le
» Souverain Pontife des Nazaréens dé-
» bite toutes ses rêveries. Il veut que
» ceux de sa croyance, reçoivent les
» ordonnances, comme les Turcs re-
» çoivent le cordon que leur envoie le
» Grand Seigneur. » (*v*)

ACCORT. Jamais *marchandises* n'ont été
autant examinées que le font aujourd'hui
les vérités chrétiennes. Jamais il n'y a
eu plus de liberté de les examiner.

VOLT. C'est pour cela que je vous
prédis qu'elles feront bientôt mises au
rebut. » Encore quelques années, &
» le pays des Scipions ne fera plus
» celui des arlequins défroqués. » (*u*)

ACCORT. Voltaire aussi entre les Prophetes ! Mais les vrais Prophetes ne
disent point d'injures déplacées.

Le Marq. D'ARG. Je n'espere pas
que la prophétie s'accomplisse si-tôt. » La
» vérité se fait aisément sentir aux hom-
» mes, lorsqu'on la leur offre, & qu'elle

(*v*) Lett. juiv. t. 1. p. 56.
(*u*) Raison par alphabet, 9e. entret.

B

» est depouillée des voiles dont on la
» couvre ordinairement, mais on em-
» pêche le peuple de lire & d'examiner
» les livres dans lesquels on prend l'au-
» torité dont on appuie l'opinion qu'on
» établit comme un article de foi. » (*x*)

ACCORT. Qui l'en empêche ?

Le Marq. D'ARG. » Le Souverain
» Pontife. Il ordonne aux Nazaréens de
» penser, d'écrire, de soutenir qu'il
» pense juste quand il se trompe. » (*y*)

ACCORT. Où est cette ordonnance ?

Le Marq. D'ARG. » Entre les mains
» de quelques Docteurs mathématiciens
» qui n'ont pas trouvé que les preu-
» ves de cette proposition pussent se
» démontrer géométriquement. » (*z*)

ACCORT. Pourriez-vous sans géométrie nous donner les preuves de ce fait ?

Le Marq. D'ARG. Les faits ne me
manquent pas au soutien. » Savez-vous,
» par exemple, pourquoi les anciens
» Perses ont paru si opposés à l'opinion
» qui admettoit des antipodes ? Contes-
» teriez-vous qu'avant qu'on les eût
» découverts, les Européens traitoient

(*x*) Lett. chin. t. 5. p. 194.
(*y*) Lett. juiv. t. 1 p. 56.
(*z*) Ibid.

(27)

» d'hérétiques pernicieux ceux qui fou-
» tenoient leur exiftence ? Quels traite-
» mens ne firent-ils pas effuyer à Virgile,
» un de leurs Pontifes , qu'ils excom-
» munierent pour avoir dit la même
» chofe que l'Auteur Perfan ? » (a)

ACCORT. Virgile fut menacé d'excom-
munication pour avoir foutenu qu'il y
avoit fous terre d'autres hommes que
nous , un autre foleil , un autre firmament. Il n'étoit pas queftion d'antipodes.

Le Marq. D'ARG. N'eft-il pas encore
vrai , » que lorfqu'un pere a dit préci-
» fément le contraire de l'autre , on
» doit les regarder tous les deux com-
» me des oracles & des interpretes de
» la vérité ? Quelle folie ! » (b)

ACCORT. Ce feroit une folie , mais
elle n'a d'exiftence que dans votre imagination.

DID. Accortino , vous défendez une
mauvaife caufe. » Les Théologiens en-
» tendent-ils feulement les matieres qu'ils
» traitent ? Ils définiffent la grace , un
» don furnaturel , &c. On peut remar-
» quer que le mot *don* eft un terme

(a) Lett. chin. t. 3. p. 233.
(b) Lett. cabal. p. 306.

» très-vague , auquel on n'attache pas
» d'idée nette. » (c)

ACCORT. Il doit l'être, puisqu'il eſt le genre de la définition. Les rédacteurs d'un ouvrage qui traitent des ſciences exactes, peuvent-ils ignorer les éléments de la Logique.

DID. Je ne releverai pas votre obſervation. » D'autres Théologiens font » conſiſter la ſurnaturalité dans une » union avec Dieu, réelle ou phyſique, » comme l'union hypoſtatique ou inten- » tionnelle immédiate, ou intention- » nelle médiate. » (d)

VOLT. » Sacrés conſulteurs de Rome » moderne, illuſtres & infaillibles Théo- » logiens, perſonne n'a plus de reſpect » que moi pour vos divines déciſions ; » mais ſi Paul-Emile, Scipion, Caton » revenoient, vous m'avouerez, qu'ils » feroient un peu étonnés de vos déci- » ſions ſur la grace. » (e)

ACCORT. Ou bien des vôtres. Pourquoi, ſublimes Philoſophes, confondez-vous la définition des Théologiens, avec celle de la femme docteur, qui dit, dans

____

(c) Encyc. a. grace p. 8oɲ.
(d) Ibid.
(e) Dict. phil. a. grace.

je ne sais quelle scène, que *la grace est une hypostase communicative de l'amour divin dans nos ames ?* Que Paul-Emile en soit étonné, d'autres pourront en rire.

DID. » A propos de l'amour de Dieu
» ou de la charité, cette question a
» excité bien des disputes dans les éco-
» les. Les uns ont prétendu qu'il n'y a
» point de véritable amour que la cha-
» rité, & que toute action qui n'est pas
» faite par ce motif, est un péché; d'au-
» tres, plus catholiques, ne taxent point
» de péché, les actions faites par d'autres
» motifs. » (*f*)

ACCORT. Que vous connoissez bien le langage de l'école! Je croyois la foi indivisible, & je n'aurois pas présumé que l'on pût être plus ou moins catho-lique.

BOULL. » Tout semble abandonné à
» l'imagination, aux caprices, aux dé-
» cisions arbitraires des Prêtres, qui s'ar-
» rogent le droit de forger des articles
» de foi, suivant que leurs intérêts l'e-
» xigent. » (*g*).

____

(*f*) Encyc. a. charité.
(*g*) Christ. dev. p. 58.

B 3

Mde. MEN. » Ces empoiſonneurs du
» genre humain, ſont toutefois chéris,
» honorés, récompenſés. Leurs attentats
» ſont protégés, leurs leçons & leurs inſ-
» tructions ſont chérement payeés. L'au-
» torité ſuprême, complice de leurs iniqui-
» tés, force les peuples à recevoir de
» leurs mains la coupe de l'impoſture,
» & punit tous ceux qui refuſent d'y
» boire. Si les Gouvernements don-
» noient à la vérité les mêmes ſecours
» qu'ils fourniſſent au menſonge, l'on
» verroit bientôt les folies des hommes
» diſparoître, & faire place à la rai-
» ſon. » (h)

ACCORT. Où ſont donc la raiſon &
la probité, ſi les Rois & les Peuples
ſont les ennemis de l'une & les victimes de l'autre ?

VOLT. ». Les Prêtres qui les enſor-
» cellent ſont des archers, des bour-
» reaux, pantheres, fanatiques, tigres
» dévots, plus barbares que les tigres
» qui ne déchirent que pour manger. » (i)

ACCORT. Vous avez un talent ſupérieur à celui de Cailleau pour les Bou-

---

(h) Eſſais ſur les préj. p. 50
(i) Mél. phil. t. 2. p. 170.

quets poiſſards (*k*). Les Prêtres que
vous inſultez, ne vous annoncent que
la morale de l'Evangile ſi ſage & ſi bien‑
faiſante ?

BOLINBROK. » Les Evangéliſtes eux‑
» mêmes étoient des inſenſés dignes des
» petites maiſons. » (*l*)

ACCORT. Où donc pourrons ‑ nous
loger les Philoſophes ?

Mde. MEN. » L'arrogance des Phi‑
» loſophes a dû ſouvent dégoûter de la
» Philoſophie. Ses diſciples, fiers de leurs
» découvertes réelles ou prétendues, ont
» quelquefois montré leur ſupériorité
» d'une façon humiliante pour leurs
» concitoyens. Des perſonnes atrabilai‑
» res ont révolté les hommes par leurs
» mépris inſultans, & n'ont fait que
» leur fournir des motifs pour s'attacher
» plus opiniâtrement à leurs erreurs,
» & pour décrier les médecins & les
» remedes. » (*m*)

(*k*) Genre de littérature auquel s'exerçoit ce Libertin,
& dans lequel Voltaire excelle encore plus que dans
l'Epopée.

(*l*) Examen important. C. II. p. 52. Cet ouvrage a
mal‑à‑propos été attribué à Voltaire dans le premier
volume.

(*m*) Eſſais ſur les préj.

Accort. Je ne vois pas en effet quel mérite il peut y avoir à injurier les Prêtres.

Mde. Men. Il faut avouer cependant » que l'ignominie fut en tout temps la » bafe du pouvoir facerdotal, qui ne peut » fubfifter qu'autant que fubfifteront les » ténebres de l'efprit humain. » (n)

Accort. Le Sacerdoce accepte l'augure. Si fon pouvoir doit durer autant que les ténebres de l'efprit humain, il ne finira qu'avec le monde.

Mde. Men. Il s'y prend mal pour le conferver. » C'eft au témoignage de » nos crédules ayeux & de leurs guides » religieux, que le Sacerdoce en appelle » aujourd'hui pour conftater fes titres » hautains, fon indépendance, fes pré- » rogatives fublimes. » (o)

Accort. Apprenez-nous à vérifier de vieux titres fans recourir aux anciens témoignages; à accorder *l'ignominie qui fut de tout temps le partage du Sacerdoce, avec les prérogatives fublimes* dont il fut toujours en poffeffion.

Mde. Men. » Il fuffit de porter les » yeux fur la Religion. Le fage n'y voit

____

(n) Ibid. p. 374.
(o) Ibid. p. 114.

» que l'imposture & l'égarement de l'i-
» magination troublée par de fausses
» erreurs, réduites en systêmes par des
» enthousiastes ou par des fourbes, qui
» se sont proposés de faire trembler &
» d'éblouir le genre humain pour l'asser-
» vir à leurs propres intérêts. » (p)

ACCORT. Vous ne prenez pas garde que leurs *mépris insultans leur fournissent des motifs pour s'attacher plus opiniâtrement à leurs erreurs.*

Mde. MEN. » Le zele & l'esprit in-
» tolérant des Prêtres, leur inimitié
» pour la science, leur haine pour la
» philosophie & pour ceux qui la pro-
» fessent, prouve évidemment la con-
» science qu'ils ont de la foiblesse de
» leur cause, & la crainte qu'ils ont
» de voir leurs opinions discutées, &
» l'imposture dévoilée aux yeux de l'u-
» nivers. » (q)

ACCORT. *Vous dégoûtez de la philoso-phie, non par la fierté de vos découvertes, mais par votre façon humiliante pour vos concitoyens.* Devez-vous ignorer que ce sont les Prêtres qui professent la philo-sophie, un peu différente de la vôtre,

____

(p) Ibid. p. 192.
(q) Ibid. p. 374

qui en font foutenir les thefes publiques,
& qui invitent vos Philofophes à venir
y difcuter les points qui vous divifent,
& à les convaincre *d'impofture?*

Mde. MEN. » C'eft bien tant pis
» qu'on leur accorde l'inftruction. Les
» chefs de la fociété ne femblent point
» faire attention au pouvoir immenfe
» que la prédication donne au Clergé.
» L'Auteur d'Hudibras appelle la chaire
» le tambour Eccléfiaftique. » (r)

ACCORT. La fine plaifanterie ! Le
Clergé a reçu fa miffion du même Maître
auquel les chefs des Nations font rede-
vables de leur autorité.

Mde. MEN. Je ne plaifante point.
» Je vous demande férieufement par
» quel renverfement des Prêtres oififs,
» querelleux, jouiffent-ils de la confidé-
» ration, des privileges, de l'opulence,
» au milieu des fociétés indigentes qui
» fe dévorent ? C'eft que des Princes &
» des Peuples également fuperftitieux,
» s'imaginent que ces hommes mer-
» veilleux font également néceffaires à
» leur bien-être. C'eft que des defpotes
» aveugles ont befoin de leurs menfon-

(r) Ibid. p. 21.

» ges pour tenir leurs sujets sous le
» joug. » (ſ)

ACCORT. Je vous réponds sérieusement
qu'en raisonnant de la sorte, vous ne
direz rien de *merveilleux*. Les chefs de
la société ne me semblent point *aveugles*
d'avoir à leur service des sujets qui prêchent la subordination : ceux-ci ne font
point *oisifs*, s'ils sont chargés du ministere de la prédication ; les Princes
n'ont point à se défier de leur *pouvoir
immense*, ni de leur crédit auprès des
peuples, puisqu'ils ne l'emploient que
pour maintenir le respect & la soumission qui conservent l'harmonie dans
l'État. N'avez-vous point d'arguments
plus forts à proposer aux Prêtres qui
professent la philosophie ? L'écolier suf-
fira pour vous répondre.

Mde. MEN. » L'histoire de tous les
» siecles prouvera aux peuples que leurs
» Prêtres, loin de procurer aux mortels
» les moyens de parvenir au bonheur,
» n'ont été pour eux que des furies, qui
» par-tout ont répandu la discorde. La
» vérité prouvera aux Souverains, la
» futilité d'une politique qui se fait un
» principe de tromper les peuples, de

» les aſſervir à des Prêtres , & de don-
» ner à ceux-ci le droit excluſif de les
» aveugler. Cette vérité convaincra les
» Souverains , qu'en travaillant à la
» grandeur du ſacerdoce. . . . . . . ils ne
» ſont que diminuer leur propre puiſſan-
» ce, & ſuſciter à leur autorité propre,
» une autorité rivale, que l'expérience de
» tous les âges , montre aſſez forte
» pour ébranler & renverſer les trônes.
» La vérité fera connoître. . . . . .

ACCORT. *L'hiſtoire prouvera , la vérité
prouvera , convaincra, fera connoître ;* elle
ne prouve donc pas encore ? En atten-
dant qu'elle nous éclaire ſur nos malheurs , d'autant plus funeſtes que nous
les connoiſſons moins, conciliez le reproche que vous faites aux *deſpotes* de
favoriſer les Prêtres , parce qu'ils ſont
l'appui du Trône , avec celui que vous
faites aux Prêtres , d'avior *dans tous les
temps ébranlé & renverſé les Trônes.*

Mde. MEN. » Je ſais que les miniſ-
» tres de la Religion , forcés par la rai-
» ſon , qui peu à peu s'eſt répandue,
» ſont quelquefois obligés de renoncer
» à leurs principes inhumains ; de ſe
» montrer plus pacifiques & plus doux. . .
» La douceur des mœurs, compagne or-
» dinaire de la raiſon & des lumières ,

» oblige ces barbares à faire du moins
» une treve apparente avec la liberté
» de penſer que leur cœur déteſtera tou-
» jours. » (*t*)

ACCORT. Qualifier de *méchants* , *de*
trompeurs , *de barbares* ceux dont la philoſophie , *compagne ordinaire de la douceur*
& des lumieres , a adouci les mœurs !
L'anthithèſe eſt bien naturelle aux Philoſophes , & vos graces, Madame, lui
donnent un nouvel agrément.

Mde. MEN. » Le moyen de les ré-
» duire , ſeroit de les priver de leurs
» biens. La ſociété a droit de diſpoſer
» des poſſeſſions du clergé, de la ma-
» niere la plus utile pour les peuples.
» Nulle preſcription ne peut en aſſu-
» rer la poſſeſſion à ceux qui en abu-
» ſent. La Nation rentre alors dans ſes
» droits. » (*v*)

ACCORT. Si votre maxime devient
loi de l'État, que diront vos Philoſophes, qui en ſont les penſionnaires ? Vos
vues ſont très-patriotiques. C'étoit ainſi
que Denis le Tyran accumuloit des
richeſſes en dépouillant les Temples.

(*t*) Ibid.
(*v*) Syſt. ſoc. p. 227.

Mais j'y trouve un grand inconvénient.
Si vous dépouillez les Prêtres, ils ne
seront *plus oisifs*, *ils battront le tambour*
ecclésiastique, & *leur pouvoir deviendra*
immense.

Le GREN. N'importe, qu'on les dé-
pouille, » & qu'on en fasse autant des
» Moines que l'on ne peut trop tôt dé-
» truire. » (*u*)

D'ALEMB. Il y en a d'utiles. » Mais
» seroit-ce aller trop loin que de pré-
» tendre que le service des malades est
» la seule occupation qui convienne à
» des Religieux ? Les Prêtres séculiers,
» destinés par état au ministere évan-
» gélique, ne font déjà que trop nom-
» breux. Les Moines s'occuperont-ils à
» écrire ; mais dans quel genre ? » (*x*)

ACCORT. Seroit-ce aller trop loin que
de prétendre que les mathématiques &
la poësie font la seule occupation qui
convienne à nos Philosophes ? Ne res-
semblent-ils pas au chien de la fable,
qui quitte un petit morceau pour courir
après un plus grand qui lui échappe ?
Les gens qui raisonnent sur la Religion

(*u*) Alamb. mor. p. 128.
(*x*) Encyc. a. Freres de charité.

& le Gouvernement ne font déjà que
trop nombreux. Puifque les Prêtres font
deftinés par état au miniftere évangélique, ceux-là ne doivent point s'y ingé-
rer, qui, par état, font deftinés à un autre
genre. les Moines ont rendu autant de
fervices à la fociété, que les foi-difants
Philofophes lui ont caufé de dommages..
C'eft aux premiers que nous fommes re-
devables de tout ce qui nous refte de
l'antiquité, en loix, en hiftoire, en littérature. On ne manque pas de Freres
de charité; mais trouve-t-on grand nombre de Sophrone, de Chryfoftome, de
d'Alcuin, d'Abailard, de Guillaume de
Champeaux, de Mabillon ? &c. On ne
veut ni Prêtres, ni Moines, à qui donc
confiera-t-on l'enfeignement public ? Car
il faut dans tout État, qu'une partie
inftruife l'autre.

Mde. MEN. Aux Philofophes. » Il
» n'y a que la liberté de penfer, de par-
» ler, & d'écrire, qui puiffe perfection-
» ner les Gouvernements, & affurer les
» Empires. » (y)

ACCORT. Quoi ? un Gouvernement
où il feroit défendu *de penfer, de parler,*

(y) Effai fur les mœurs, p. 340.

& *d'écrire*, ne deviendroit pas parfait ?
Quelle profondeur de politique !

DID. Madame veut vous dire » que
» l'esprit Philosophique est le grand paci-
» ficateur des États, & c'est dommage
» qu'on ne lui donne pas de temps en
» temps un plein pouvoir. » (‌z)

ACCORT. Vous avez emprunté cette
idée de Platon, qui dit ne *point connoî-*
tre de bonheur, tant que les Philosophes ne
regneront pas, ou que ceux qui regnent,
privés d'une sorte d'inspiration divine, ne
seront pas Philosophes. Cette proposition me paroît avoir un autre sens que
la vôtre. Le Philosophe grec croit la
Philosophie, c. à. d. l'étude de la sagesse nécessaire aux Rois, & vous pré-
tendez investir les Philosophes de votre
acabit du pouvoir souverain. Vous ne
le tenez pas encore.

DID. Je ne m'en dédis pas. » On n'a
» point vû de sectes incrédules marcher
» en armes contre la divinité. »

ACCORT. Nous en voyons tous les
jours marcher contr'elle, armés de mauvais sophismes.

DID. « Il y a de la méchanceté à
» troubler des ames en possession d'elles-

(z) Encyc. a. Fanatisme p. 402.

» mêmes. Les Rois ont intérêt d'arrêter
» les progrès du fanatisme, de louer
» tous ceux qui s'appliquent à le détruire,
» de quelque nom odieux qu'on les ap-
» pelle, comme les vrais citoyens qui
» travaillent pour l'intérêt du Prince &
» la tranquilité du peuple. Ne seroit-il
» pas avantageux qu'il leur donnât de
» temps en temps un plein pouvoir ? » (*a*)

ACCORT. Très-*avantageux* à la Philosophie, qui n'ignore pas que la chienne
de la fable ayant obtenu un logement
pour mettre ses petits, chassa le propriétaire dès que ses petits furent devenus assez forts pour la soutenir.

DID. » Les productions des incrédu-
» les ne sont à craindre que pour le
» peuple & la foi des simples. Ceux qui
» pensent bien savent à quoi s'en te-
» nir. » (*b*)

ACCORT. Elles sont donc très-dange-
reuses ; car qu'est-ce que le nombre de
ceux qui pensent bien, comparé au nombre de ceux qui ne pensent point, ou
qui pensent mal ?

DID. » Il y a un moyen d'accorder
» le respect que l'on doit au culte na-

____

(*a*) Ibid.
(*b*) Ibid. &, Aius Locutius. p. 24.

» tionnal, avec la liberté de penfer, qui
» eft fi fort à fouhaiter pour la décou-
» verte de la vérité, qui feroit de défen-
» dre tout écrit contre le Gouvernement
» & la Religion en langue vulgaire. » (c)

ACCORT. Dans quelle *langue* eft-il
permis d'écrire contre la *Religion & le
Gouvernement.*

DID. » Puifqu'il eft impoffible d'em-
» pêcher les hommes de penfer & d'é-
» crire, il eft à fouhaiter qu'on s'en
» tienne à ma regle, qui eft celle des
» anciens. » (d)

ACCORT. Oh! qu'il eft très poffible
d'empêcher d'écrire contre le culte na-
tionnal & le *Gouvernement?*

DALEMB. » Je ne prétends pas don-
» ner des bornes aux puiffances ecclé-
» fiaftiques & civiles. Perfonne ne ref-
» pecte plus que moi l'autorité des loix
» publiées contre les Auteurs dangereux.
» C'eft aux fages Magiftrats, & aux il-
» luftres Prélats qui veillent pour le
» maintien de la foi & de la morale
» évangélique, à décider dans quel cas
» il vaut mieux ignorer que punir, &
» quelles font les bornes précifes de la

____

(c) Ibid.
(d) Ibid.

néceffité dans lefquelles il faut tenir les abus & les fcandales. » (e)

Mde. MEN. » Une faine politique ordonne de tolérer dans un Etat toutes les Religions & toutes les Sectes. Le Gouvernement perd le droit de juger entr'elles dès qu'il fe rend partie. » (f)

ACCORT. Ainfi le dépofitaire de l'autorité s'en trouve dépouillé à l'inftant qu'il veut en faire ufage.

DID. » Après tout, le fanatifme fait plus de mal que l'impiété. » (g)

J. J. ROUSS. » Bayle a bien prouvé que le fanatifme eft plus pernicieux que l'athéifme. Mais ce qu'il n'a eu garde de dire, c'eft que le fanatifme, quoique fanguinaire & cruel, eft pourtant une paffion forte & grande qui éleve le cœur de l'homme, qui lui fait méprifer la mort, qui lui donne un reffort prodigieux, & qu'il ne faut que mieux diriger, pour en tirer les plus fublimes vertus ; au lieu que l'irréligion, & en général l'efprit raifonneur & philofophique, attache à la vie,

____

(e) Ibid. a. Chriftian. p. 757.
(f) Syft. foc. Politic. nat. p. 79?.
(g) Encyc. a. Fanatifme.

» effémine, avilit les ames, concentre
» toutes les paffions dans la baffeffe de
» l'intérêt particulier, dans l'abjection
» du moi humain, & fappe ainfi à petit
» bruit les vrais fondements de toute
» fociété. L'indifférence philofophique
» c'eft la tranquillité de la mort. Elle
» eft plus deftructive que la guerre mé-
» me. Il eft aifé d'étaler de belles ma-
» ximes dans les livres; mais la queftion
» eft de favoir fi elle tiennent bien à
» la doctrine, fi elles en découlent né-
» ceffairement, & c'eft ce qui n'a point
» paru clair jufqu'ici. Refte à favoir
» encore fi la Philofophie, à fon aife &
» fur le trône, commanderoit bien à
» la gloriole, à l'intérêt, à l'ambition,
» aux petites paffions de l'homme, &
» fi elle pratiqueroit cette humanité fi
» douce, qu'elle nous vante la plume à
» la main. Par les principes, la Philo-
» fophie ne peut faire aucun bien que
» la Religion ne le faffe encore mieux,
» & la Religion en fait beaucoup que
» la Philofophie ne fauroit faire. Il eft
» indubitable que des motifs de religion
» empêche fouvent de mal faire, & ob-
» tiennent des hommes des vertus,
» des actions louables, qui n'auroient

» pas eu lieu fans ces motifs. » (h)

ACCORT. Reſtons donc attachés à la
Religion.

RELIGION.

PROLOGUE.

LES Payens accuſoient les Chrétiens
d'athéiſme, de magie, & leur attribuoient
toutes les calamités de l'État. Ils leur
reprochoient de n'avoir parmi eux que
des ſots, des ſtupides, des eſclaves,
des femmelettes, des gens de la lie du
peuple. Ils les traitoient d'inſenſés, &
leur reprochoient l'homicide & l'inceſte.
Triphon diſoit à Juſtin qu'il auroit mieux
fait de reſter dans la ſecte de Platon,
que de ſe laiſſer tromper par des men-
ſonges, & de s'attacher à des hommes
de néant. Cœcilius mépriſoit les Chrétiens, parce que leur ſociété n'étoit for-
mée que de la plus vile populace. Celſe
prétendoit que leur doctrine venoit des
barbares. Hierocles qu'elle ne renfermoit

____

(h) t. 3. p. 282.

que des puérilités. Lucien les traite d'i-
diots, quoiqu'il reconnoisse qu'il y en a
parmi eux d'éclairés. Volusien prétend
que les maximes de Jesus - Christ sont
contraires au bien de la société, parce
qu'elles sont trop parfaites. Peut-on croire, demande-t-il encore, que Dieu se
soit renfermé dans une Vierge, &
qu'elle l'ait enfanté sans intéresser sa
virginité ? St. Paul, disoit Julien, avoue
que les Chrétiens ont été idolâtres,
adulteres, voleurs, médisants, &c. mais
qu'ils ont été lavés par l'eau. Ainsi le
Baptême ne guérit pas les dartres, la
goutte, &c. Il enleve seulement les ini-
quités de l'ame. Celse dit que les Chrétiens tiennent leurs assemblées en ca-
chette, pour éviter les peines décernées
contr'eux ; que lorsqu'ils sont pris on
les conduit au supplice, qu'on les met
en croix, après leur avoir fait souffrir
tous les genres de tourments.

» L'erreur des Chrétiens, écrivoit
» Pline à l'Empereur Trajan ; est ren-
» fermée dans ces points : à un jour
» marqué, ils s'assemblent avant le lever
» du soleil, & chantent tour à tour des
» vers à la louange du Christ, comme
» s'il étoit Dieu. Ils s'engagent par
» serment, non à quelque crime, mais à

» ne point commettre de vol, ni d'adul-
» tere, à ne point manquer à leur
» promesse, à ne point nier un dépôt,
» après cela ils ont coutume de se sé-
» parer, & ensuite de se rassembler
» pour manger en commun des mets
» innocents, ce qu'ils ont cessé de faire
» depuis mon édit. Je n'ai découvert
» dans le ministere de leur culte, qu'une
» mauvaise superstition portée à l'excès.
» Ce mal contagieux n'a pas seulement
» infecté les Villes, il a gagné les Vil-
» lages & les campagnes. »

» Il est aussi à propos, dit l'Empereur
» Antonin, dans sa constitution aux États
» d'Asie, de vous donner des avis tou-
» chant les tremblements de terre passés.
» Comparez la conduite que vous tenez
» en ces occasions avec celle que tien-
» nent les Chrétiens. Ils mettent alors
» plus que jamais leur confiance en
» Dieu, & vous perdez courage ; aussi
» il semble que vous ne connoissiez pas
» seulement les Dieux ; vous négligez
» toutes les choses de la Religion, &
» vous ne vous souciez point du culte
» de l'Immortel, & parce que les
» Chrétiens l'honorent, vous les chassez
» & les persécutez jusqu'à la mort.

» Qui bien considérera l'histoire hu-

» maine, dit Machiavel, il connoîtra
» combien fervoit la Religion chrétien-
» ne à donner cœur & efpérance aux
» gens d'armes, à foulager les gens de
» bien, à battre les méchants, à ac-
» corder le peuple, tellement que fi
» j'étois le juge lequel de Romulus
» ou de Numa auroit fait plus de bien
» à Rome, Numa l'emporteroit. J'ofe
» dire que tout ainfi que le compte que
» l'on fait de l'honneur divin, & l'en-
» tretien de la foi maintient les Répu-
» bliques en arroi, le mépris d'icelle
» eft caufe de leur derniere ruine. »

Le Grand Condé étoit univerfel. Les
fciences & les beaux arts lui étoient
auffi familiers que la tactique. Il exami-
na les différentes Religions, il lut les
livres des athées, des déiftes, & des
impies. Il conféra avec les Philofophes
& les Docteurs. Le réfultat de fes lec-
tures immenfes & de fes entretiens,
fut qu'il n'y avoit point de véritable Religion, que la Catholique, &
que toutes les autres étoient des inventions d'hommes fripons.

DIALOGUE

DIALOGUE SECOND.

Religion.

ACCORTINO. MM. ce que vous aviez à nous dire sur la Religion, se réduit-il à des excursions sur les Prêtres & sur les Moines, à des définitions de la grace & de la foi catholique, & à l'éloge de votre Secte ? Ne seriez-vous point d'avis de traiter cette question d'une maniere plus directe ?

MONTESQ. » L'homme pieux & l'a-» thée parlent toujours de religion; » l'un parle de ce qu'il aime, l'autre » de ce qu'il craint. »

ACCORT. J'en parle pour savoir de vous à quoi je dois m'en tenir. J'en parle avec les Philosophes, parce qu'il fut décidé hier, à la pluralité des voix, qu'il appartient à ces grands pacifica-teurs des États, à fixer nos idées sur ce grand objet.

VOLT. » Il faut admettre une Reli-gion. »

ACCORT. On reconnut hier qu'elles étoient toutes la production de l'ignorance.

Volt. Mal-à-propos. » Quand les
» hommes n'ont pas des notions faines
» de la divinité, des idées fauffes y
» fuppléent, comme dans les temps mal-
» heureux, on trafique avec de la mau-
» vaife monnoie, quand on n'en a pas
» de bonne. Le Payen craignoit de com-
» mettre un crime de peur d'être puni
» par fes faux Dieux. Le Malabare craint
» d'être puni par fa Pagode. Par-tout
» où il y aura une Société établie, une
» Religion eft néceffaire. Les Loix veil-
» lent fur les crimes publics, & la Re-
» ligion fur les crimes fecrets. » (a)

Accort. Quelle Religion devons-
nous admettre ?

Le Gren. » Toutes les Religions
» vifent au même but. L'hommage dû
» à la fupériorité de l'Être fuprême,
» & la reconnoiffance due pour fes bien-
» faits, voilà le fond ; la forme, c'eft
» les différents moyens qu'on emploie
» pour lui faire en commun cet hom-
» mage. Ils varient felon les différents
» climats. » (b)

Accort. Ainfi c'eft au *climat* à régler
le culte ?

(a) Traité de la toler. c. 20
(b) Alamb. mor. p. 480.

(51)

MONTESQ. » Il semble, humainement
» parlant, que ce soit le climat qui a
» prescrit des bornes à la Religion Chré-
» tienne , & à la Religion Mahomé-
» tane. » (c)

ACCORT. Il vous semble, comme il
a semblé à *Bodin* & à *Charon*. L'un dé-
veloppe son opinion de l'influence des
climats sur la Religion, dans sa *Méthode d'étudier l'histoire* , & l'autre dans
son *Traité de la Sagesse*.

MONTESQ. L'expérience y est conforme. » Lorsque la Religion , fondée
» sur le climat, a trop choqué le cli-
» mat d'un autre pays , elle n'a pu s'y
» établir , & quand on l'y a introduite
» elle en a été chassée. » (d)

ACCORT. La Religion Chrétienne a
fleuri dans l'Orient pendant dix siecles.
Elle se conserve encore dans l'Eglise
Grecque. Tant sont conformes vos ex-
périences.

MONTESQ. » Les raisons humaines
» sont toujours subordonnées à cette
» cause suprême qui fait tout ce qu'elle

___

(c) L'Esp. des Loix. t. I p. 353.
(d) Ibid.

» veut, & fe fert de tout ce qu'elle
» veut » (e)

ACCORT. Vous renoncez donc au fyf-
téme de l'influence des climats ?

MONTESQ. Sans y renoncer, je fuis
obligé de convenir » que le célibat a
» été plus agréable aux peuples à qui il
» fembloit convenir le moins ; dans les
» pays du midi de l'Europe, où par la
» nature du climat la loi du célibat eft
» plus difficile à obferver, elle a été
» retenue : dans ceux du Nord, où les
» paffions font moins vives, elle a été
» profcrite. » (f)

ACCORT. Cela prouve bien que la
Religion eft fondée fur le *climat*.

Mde. MEN. Qu'importe ? » Le Philo-
» fophe ne trouve pas que le bonheur
» foit nulle part l'ouvrage de la Reli-
» gion. Il la voit fouvent aux prifes
» avec la félicité publique, & travailler
» à détruire le bien-être de tous ceux
» qu'elle a formis à fon joug. » (g)

DALEMB. Que dites-vous, Madame ?
» La Religion eft fi néceffaire pour le
» foutien de la fociété humaine, qu'il

(e) Ibid.
(f) Ibid.
(g) Effais fur les préj. p. 283.

» eſt impoſſible, comme les Payens l'ont
» reconnu auſſi-bien que les Chrétiens,
» que la ſociété ſubſiſte, ſi l'on n'ad-
» met une puiſſance inviſible qui gou-
» verne les affaires du genre humain. » (h)

Mde. MEN. Vain préjugé. » Les peuples
» amenés à l'expérience trouveront que
» les vraies chimeres de la Religion,
» n'ont ſervi, dans tous les temps, qu'à
» troubler l'imagination de l'homme,
» qu'à porter la conſternation dans ſon
» cœur. » (i)

ACCORT. Il éprouve tous les jours
le contraire. Mais enfin on vous deman-
dera ce que l'on peut ſubſtituer à la
Religion ?

Mde. MEN. » Je répondrai, qu'aux
» chimeres on pourra ſubſtituer les mo-
» ralités, la vraie morale enſeignée de
» bonne heure par une éducation ſen-
» ſée. » (k)

ACCORT. Pouvez-vous concevoir &
ſuppoſer une *vraie morale* ſans Religion ?

Mde. MEN. » S'obſtinera-t-on tou-
» jours à eſpérer un bien-être de ces

(h) Encyc. a. Athéiſme. p. 817.
(i) Eſſais ſur les préj. p. 360.
(k) Ibid. p. 82.

C 3

» Religions qui ne firent que du mal ? » (*l*)

ACCORT. Ne prennons point le chan-
ge. Vous parlez indiſtinctement de toute
religion , & il ne s'agit ici que de la
Religion Chrétienne , qui ne fait que du
bien , & défend tout mal.

Mde. MEN. » On nous vante en effet
» l'efficacité de la Religion, mais pour-
» quoi voyons - nous un ſi grand nom-
» bre de voleurs & d'aſſaſſins ? » (*m*)

ACCORT. En voit - on moins depuis
que l'on nous vante la nouvelle philoſophie ?

MONTESQ. La réplique eſt judicieuſe.
» Dire que la Religion n'eſt pas un
» motif réprimant , parce qu'elle ne ré-
» prime pas toujours , c'eſt dire que
» les loix civiles ne ſont pas un motif
» réprimant non plus. » (*n*)

J. J. ROUSS. » Cependant un des
» ſophiſmes les plus familiers au parti
» philoſophiſte , eſt d'oppoſer un peuple
» de bons Philoſophes à un peuple de
» mauvais Chrétiens, comme ſi un peu-
» ple de bons Philoſophes étoit plus
» facile à trouver qu'un peuple de vrais

(*l*) Ibid. p. 220
(*m*) Siſt. ſoc. Polit. nat. p. 41.
(*n*) L'Eſp. des loix.

» Chrétiens. Il en faut suppofer qui
» abuferont de la Philofophie fans reli-
» gion, comme les nôtres abufent de
» la Religion fans philofophie. » (o)
Mde. MEN. Quoique vous en difiez,
» la Religion peut être légitimement at-
» taquée, parce qu'elle eſt viſiblement
» contraire à la vérité, à la raifon, & aux
» intérêts du genre humain. » (p)
DALEMB. » Il y a de la démence à
» combattre la Religion dans un pays
» fi elle eſt vraie, & bien peu de mé-
» rite fi elle eſt fauſſe. » (q)
MONTESQ. C'eſt pourquoi je dis » que
» l'on ne doit pas établir dans un État
» une nouvelle Religion. » (r)
ACCORT. On a par conféquent eu tort
d'admettre la Religion Chrétienne.
Mde. MEN. Tres-grand tort. » Il
» eſt aifé de prouver à tout efprit non
» prévenu, que les idées religieufes font
» plutôt un principe de deſtruction, que
» de folidité pour la vraie morale. La
» faine morale, fi néceſſaire à la politi-
» que, ne peut fe concilier avec les

(o) t. 4. p. 182.
(p) Effai fur les préj. p. 195.
(q) Penf. de d'Alemb. n. 19.
(r) Efp. des loix. t. 2 p. 118.

» principes d'une religion turbulente par
» son essence, & faite pour altérer tôt
» ou tard la tranquillité publique. » (*f*)

ACCORT. Est-il un principe de sociabilité plus noble, plus actif, plus fécond que la charité ? La Religion Chrétienne la commande. Est-il de passion plus antipathique avec l'esprit social, que la vengeance ? La Religion Chrétienne la défend. Vous ne connoissez donc pas la Religion, ou vous vous faites un jeu de la calomnier.

VOLT. On ne la calomnie point. » On
» dit seulement que tous ces ouvrages
» qu'on a faits depuis peu pour soutenir la
» Religion Chrétienne, sont plus capables
» de scandaliser que d'édifier. Ces auteurs
» prétendent en savoir davantage que
» Jesus-Christ & ses Apôtres. » (*t*)

ACCORT. Vous reconnoissez donc aujourd'hui la sagesse des Apôtres que l'on envoyoit hier aux petites maisons ? Les auteurs des ouvrages dont vous parlez ne prétendent pas en savoir plus que Jesus-Christ & ses Apôtres ; mais ils prétendent prouver que les Philosophes en savent beaucoup moins.

(*f*) Essais sur les préj. p. 151.
(*t*) Sur les pens. de Paschal.

Volt. Les Philosophes disent de leur
» côté que le sanctuaire est une grange, les
» reliques une carcasse, les Saints des
» gredins, qui n'ont de mérite que l'i-
» gnorance & la crasse. Quelle étrange
» idée, qu'un pot d'eau nettoie tous les
» les crimes. » (*v*)

Accort. Quelle étrange chose que
Voltaire devienne le copiste des gros-
siéretés de Julien & de Celse !

Boull. » Quelle impiété de placer dans
» le Ciel les plus inutiles & les plus mé-
» chants des hommes ! Tels sont Moy-
» se, Samuel, David, Cyrille, Atha-
» nase. » (*u*)

Accort. Vous jugeriez plus conforme à la piété d'y mettre Pharaon,
Saul, Absalon, Nestorius, & Arius ?

Le Milic. » Convenons que la
» Religion Chrétienne n'est qu'un amas
» de contradictions & de suppositions
» qui se détruisent les unes les au-
» tres. » (*x*)

Accort. Prouvez-le bien, & vous
grossirez votre parti.

Did. » Il faut éteindre les torches

___

(*v*) Dict. phil. a. Thaïste.
(*u*) Christ. dev. i. p. p. 271. 272.
(*x*) Le Milit. phil. p. 31.

» du fanatifme & de la fuperftition. » (*y*)

ACCORT. Eft-ce le Chriftianifme que vous qualifiez de la forte, d'après Suétone, qui nous apprend que Néron voulut détruire les Chrétiens, qu'il dit avoir été une efpece d'hommes d'une fuperftition nouvelle?

J. J. ROUSS. » Pour moi je fuis » Chrétien , & fincerement , felon la » doctrine de l'Evangile. » (*z*)

VOLT. » Jean-Jacques Panfophe, pour » faire un bon Chrétien, vous détrui- » fez la Religion Chrétienne. » (*a*)

J. J. Ro. » Être excommunié de la main » de M. de Voltaire, m'amufe fort. » (*b*)

VOLT. » Il me femble que je fais » de mon mieux pour foutenir la caufe » de Dieu & de la vertu, mais avec » moins de bile & d'emportement que » vous. » (*c*)

J. J. ROUSS. Si je m'emporte contre les Philofophes, c'eft que je fais, » que l'erreur en matiere de Religion » eft toujours importante. » (*d*)

(*y*) Encyc. a. Encyc. p. 648.
(*z*) Emile. t. 3. p. 165.
(*a*) Lett. à J. J. d. p.
(*b*) Lett. 24. juin 1765.
(*c*) Lett. à J. J. d. p.
(*d*) Premiere lett. 8. 6.

Mde. MEN. » Pour être mécontent
» de la Religion, ne suffit-il pas des
» entraves continuelles qu'elle met à
» la marche de l'esprit humain, du re-
» noncement total à la raison qu'elle
» ordonne, des dogmes insensés qu'elle
» présente. » (e)

BOLINB. » Le Christianisme, tel qu'il
» est sorti des mains de Dieu, si je
» puis m'exprimer ainsi, étoit une re-
» gle de foi, de culte & de mœurs,
» simple & intelligible, ce qui forme
» la vraie notion de la Religion. » (f)

Le MILIC. » Un coup d'œil suffit
» pour se convaincre que c'est une
» Religion factice, absurde, extravagan-
» te, injurieuse à Dieu, pernicieuse aux
» hommes, & même autorisant les ra-
» pines, les séductions, l'ambition,
» l'intérêt des ministres.... Elle est
» une source intarissable de meurtres,
» d'atrocités.... un flambeau de dis-
» corde, de vengeance, & un masque
» dont se couvre l'hypocrite pour trom-
» per plus adroitement. » (g)

ACCORT. Quelle sorte d'*hypocrite*, qui

(e) Essais sur les préj. p. 208.
(f) Œuv. edit. *in-4°*.
(g) Milit. Phil. p. 102. 46. 84.

C 6

commettroit ouvertement des *meurtres*, *& des atrocités*, qui femeroit *la difcorde*, fe livreroit à la *vengeance*, vivroit de *rapines*? Vous pourriez bien confondre les fuites accidentelles de la Religion avec la Religion même. Seroit-ce bien fa doctrine, fi pure & fi fainte, qui prefcriroit ces crimes & ces horreurs?

Le Milic. Oui: » d'où je conclus » être dans l'obligation de l'avoir en » horreur, de plaindre & de méprifer » ceux qui la prêchent, & de dévouer » à l'exécration publique ceux qui la » foutiennent par leurs violences, ou » par leurs fuperftitions. » (*h*)

Bolinb. Quel pitoyable aveuglement! » Aucun fyftême plus fimple & plus » clair que celui de la religion naturelle, » tel qu'il fe trouve dans l'Évangile. » Le Chriftianifme, tel qu'il eft dans » l'Evangile, contient non-feulement un » fyftême complet de religion, mais en- » core un fyftême fimple & clair. C'eft » dans le vrai fyftême de la religion » naturelle, & il l'auroit toujours été » au grand avantage du genre humain, » s'il avoit toujours été répandu avec » la même fimplicité avec laquelle Jefus

____

(4) Ibid.

» l'avoit lui-même prêché. Le ſyſtême
» chrétien de foi & de pratique a été
» révélé par Dieu-même, & il eſt auſſi
» abſurde qu'impie d'affirmer que la ſa-
» geſſe divine l'a révélé d'une maniere
» incomplette & imparfaite. Sa ſimpli-
» cité & ſa clarté prouvent qu'il étoit
» fait pour être la religion du genre
» humain , & démontre en même temps
» la divinité de ſon origine. » (i)

J. J. ROUSS. » Cependant la révé-
» lation ne nous inſpire que des ſenti-
» ments d'averſion pour nos ſemblables
» & de frayeur pour nous-mêmes. » (k)

DID. Voilà de vos paradoxes. » La
» Religion, le Chriſtianiſme eſt la meil-
» leure école d'humanité. » (l)

Mde. MEN. » D'où viennent donc
» dans le midi de l'Europe ces maux
» diſſolus, ces fréquents adulteres , ces
» aſſaſſinats ſans nombre , ſi ce n'eſt
» parceque dans ces pays l'orthodoxie
» eſt la ſeule vertu ? La Religion y ex-
» pie tous les crimes. Des pratiques
» religieuſes & la croyance de quelques
» dogmes abſurdes tiennent lieu de mo-

(i) Œuv t. 4. p. 290. 313. 316. 433. 451.
(k) Emile, t. 3. p. 133.
(l) Encyc. a. Fanatiſme. p. 393.

» rale, & les écoles de la jeuneſſe ne
» retentiſſent que des diſputes vaines,
» & des ſubtilités puériles de quelques
» Théologiens. » (*m*)

ACCORT. Ces *maux* ne ſubſiſtoient-
ils point avant l'orthodoxie ? De plus
grands maux encore ne regnent-ils pas
dans l'Afrique & dans l'Aſie, où l'on
ne connoît point *les ſubtilités puériles
de nos Théologiens ?*

MONTESQ. » C'eſt mal raiſonner con-
» tre la Religion , que de raſſembler
» dans un ouvrage , une longue énu-
» mération des maux qu'elle a produits,
» ſi l'on ne fait de même celle des biens
» qu'elle a faits. Si je voulois raconter
» tous les maux qu'ont produit dans le
» monde les Loix civiles, la Monar-
» chie, le Gouvernement républicain,
» je dirois des choſes effroyables. La
» queſtion n'eſt pas de ſavoir s'il vau-
» droit mieux qu'un certain homme,
» ou qu'un certain peuple n'eût point
» de religion, que d'abuſer de celle qu'il
» a, mais de ſavoir quel eſt le moindre
» mal que l'on abuſe quelquefois de la
» Religion , ou qu'il n'y en ait point
» du tout parmi les hommes. »

(*m*) Eſſais ſur les préjug. p. 53.

BOULL. Il eſt à ſouhaiter qu'il n'y
en ait point du tout. » Les Chrétiens
» non-ſeulement tourmentent, perſécu-
» tent leurs freres, mais encore ils
» ſont dans l'impoſſibilité d'aimer le Dieu
» farouche qu'ils annoncent. » (n)

ACCORT. Un Dieu qui eſt venu non
pour *perdre les hommes*, mais pour les
ſauver, eſt un Dieu farouche? Il eſt impoſſible d'aimer le bienfaiteur de l'humanité qui a donné ſa *vie pour ſes amis*, qui
ſont les hommes, & qui en a conſacré les
derniers moments à les inſtruire & à les
conſoler ?

DALEMB. Pour moi je penſe » que
» la Religion Catholique convient mieux
» à la Monarchie. » (o)

ACCORT. Elle ne commande donc pas
de s'entr'égorger, ou bien il eſt avantageux à la Monarchie que les ſujets
s'entredétruiſent mutuellement.

BOLINB. » En ſuppoſant que le Chriſ-
» tianiſme ait été une invention des
» hommes, ç'a été l'invention la plus
» utile pour le genre humain qui put
» jamais être imaginée. » (p)

(n) Chriſt. dev. p. 36.
(o) Encyc. a. Chriſtianiſme.
(p) Ibid.

J. J. Rouss. J'ai un reproche à lui faire, qui eſt d'attacher trop d'intérêt à de minces objets. » Qu'une Vierge ſoit
» la mere de ſon Créateur ; qu'elle ait
» enfanté Dieu, ou ſeulement un hom-
» me auquel Dieu s'eſt joint ; que la
» ſubſtance du Pere & du Fils ſoit la
» même, ou ne ſoit pas ſemblable ; que
» l'Eſprit Saint procede de l'un des deux
» qui ſont le même, ou de tous les
» deux conjointement, je ne vois pas
» que la déciſion de ces queſtions, en
» apparence eſſentielles, importe plus
» à l'eſpece humaine, que de ſavoir
» quel jour de la lune on doit célé-
» brer la Pâque, s'il faut dire le cha-
» pelet, jeûner. » (q)

Accort. Il importe peu à *l'eſpece humaine* de connoître Dieu & ſa maniere d'être, de ſavoir qu'il a voulu être le libérateur des hommes ; d'être inſtruite des moyens de s'appliquer les mérites de la rédemption, en s'y uniſſant par la pénitence, & d'honorer dans Marie les prérogatives de la maternité divine. Mais ce qu'il lui importe de ſavoir eſt que J. J. Rouſſeau eſt l'auteur de la *nouvelle Héloyſe, de l'Emile, du Devin du*

____

(q) t. 4. p. 86.

village, & de cette jolie Chanſon, *dans ma cabane obſcure*, & de la muſique encore plus jolie, qui lui donne de nouvelles graces. Il lui importe de connoître toutes les productions des Philoſophes modernes, & nullement les vérités de la Religion.

BOULL. » La Religion, en effet, » loin de procurer aux hommes le bonheur, fut pour eux une pomme de » diſcorde. L'Evangile a coûté au genre humain plus de ſang que toutes » les autres Religions priſes collecti-» vement. » (*r*)

ACCORT. Étoit-ce l'Evangile qui le faiſoit répandre, ou ſi on le répandoit en haine de l'Evangile ? Étoit-ce la Religion ou la Philoſophie fanatique qui aiguiſoit les poignards, préparoit les tortures, allumoit les bûchers ? Étoit-ce Paul ou Néron ?

VOLT. On vous dit que c'étoit les Chrétiens. » Qu'on me montre au » contraire dans l'hiſtoire du monde » entier, un Philoſophe qui ait troublé » la paix de ſa patrie. Il n'y en eut » jamais & il n'y en aura point. » (*ſ*)

____

(*r*) Chriſt. dev. p. 34.
(*ſ*) t. 7. p. 306.

ACCORT. Vous n'avez pas lu toutes les histoires.

VOLT. Je sais comme vous » Que » le Sénat de Rome étoit une assem- » blée de Philosophes, de voluptueux, » d'ambitieux, tous très-dangereux, & » qui perdirent la République. » (*t*)

ACCORT. Savez-vous aussi, que dans des temps plus heureux, cette espece de philosophes ayant corrompu la jeunesse Romaine, en lui préchant l'indépendance & l'amour des plaisirs, la République les fit battre de verges & chasser de Rome ?

J. J. ROUSS. » Nos Gouvernements » modernes doivent incontestablement » au Christianisme leur plus solide au- » torité & leurs révolutions moins fré- » quentes. Il les a rendus eux-mémes » moins sanguinaires. Cela se prouve » par le fait, en les comparant aux Gou- » vernements anciens. La Religion » mieux connue, écartant le fanatisme, » a donné plus de douceur aux mœurs » chrétiennes. Ce changement n'est point » l'ouvrage des lettres. Car par-tout où » elles ont brillé, l'humanité n'a pas » été plus respectée. Les cruautés des

---

(*t*) Dict. phil. a. Athée,

» Athéniens, des Egyptiens, des Em-
» pereurs de Rome, des Chinois en
» font foi. Que d'œuvres de miféricor-
» de font l'ouvrage de l'Evangile ! Que
» de reftitutions, que de réparations la
» confeſſion ne fait-elle point faire chez
» les Catholiques ? Chez nous, combien
» les approches des temps de commu-
» nion n'operent-elles point de récon-
» ciliations & d'aumônes ? Combien le
» jubilé des Hébreux ne rendoit-il pas
» les ufurpateurs moins avides ? Que de
» miferes ne prévenoit-il pas ? » (*v*)

VOLT. » Hélas ! le doƈeur Panfophe
» eſt méchant comme les autres hom-
» mes, c'eſt bien dommage. » (*u*)

J. J. ROUSS. » Je crois que fans la
» foi nulle véritable vertu exiſte. » (*x*)

VOLT. » Vous profeſſez par-tout un
» fincere attachement à la révélation,
» en préchant le Déifme. » (*y*)

J. J. ROUSS. » Quant à la Religion
» Catholique, elle eſt fi évidemment
» mauvaiſe, que c'eſt perdre le temps

[*v*] t. 3. p. 182.
[*u*] Lett. à J. J. d. p.
[*x*] t. 3. p. 181.
[*y*] Ibid.

» que de s'amufer à le démontrer. » (*z*)

Accort. Vous n'êtes donc que Chrétien ?

J. J. Rouss. » La Loi chrétienne » eft au fond plus nuifible qu'utile à » la forte conftitution de l'État. » (*a*)

Accort. On vient de nous dire qu'elle convient mieux à la *Monarchie*. Comment pouvez-vous croire *nuifible* une loi à laquelle vous êtes fincerement attaché ?

Volt. » Jean-Jacques, vous traitez » les Auteurs, les Philofophes de char- » latans, & pour prouver d'exemple » vous êtes auteur. » (*b*)

J. J. Rouss. » Montrez-moi ce que » l'on peut ajouter pour la gloire de » Dieu, pour le bien de la fociété, & » mon propre avantage aux devoirs de » la loi naturelle, & quelle vertu vous » ferez naître d'un culte nouveau, qui » ne foit pas une conféquence du » mien. » (*c*)

Volt. Que demandez-vous, homme inconféquent ? » Le public fe plaint que

---

[*z*] Cont. foc. p. 309.
[*a*] Ibid. l. 4. c. 8. p. 307.
[*b*] Lett. à J. J. d. p.
[*c*] t. 3. p. 121.

» vous n'avez jamais fait un bon syllo-
» gisme. Vos folies & votre ridicule
» orgueil ne feront nul tort à la vé-
» ritable philosophie. » (*d*)

ACCORT. Hé, MM. si vous n'êtes
pas du même avis, vivez du moins en
bonne intelligence. La victoire la plus
glorieuse, dit Platon, est de se vaincre
soi-même.

MONTESQ. Il sera toujours vrai » que
» la révélation est le plus beau présent
» que Dieu pût faire aux hommes. » (*e*)

LE GREN. Je ne suis point surpris
des variations de Rousseau. » Il n'y a
» que les sots qui assurent avec certi-
» tude & qui décident. Un homme qui
» connoît l'homme n'assure jamais,
» parce qu'il sait qu'un homme éclairé
» ne peut réellement être sûr de
» rien. » (*f*)

ACCORT. Pas même de son existence ?

POPE. La proposition du Grenadier
est trop générale ; » l'homme a trop
» de connoissances pour le doute scep-
» tique, & trop de foiblesse pour la
» fierté Stoïque. » (*g*)

[*d*] Lett. à J. J. d. p.
[*e*] Lett. à la Duchesse d'Aiguillon.
[*f*] Alemb. mor. p. 222.
[*g*] Essai sur l'homme, ep. 2.

BAYLE. Cela eſt certain, » mais preſ-
» que tous ceux qui vivent dans l'ir-
» réligion ne font que douter. Ils ne
» parviennent pas à la certitude. » (*h*)

Le Marq. D'ARG. » L'irréligion eſt
» une hydre dont il faut couper les
» têtes, qui ne ceſſent de ſe multi-
» plier. »

ACCORT. Quel arrêt que vous venez
de prononcer contre les ſectateurs de
la philoſophie moderne.

Le Marq. d'ARG. A tout évenement,
» on doit en effacer juſqu'aux traces,
» de peur qu'elle ne regagne ce qu'el-
» le a perdu. Mais veut-on inſ-
» truire l'homme, & lui montrer la
» vérité ? on a bien de la peine à y
» réuſſir. Tente-t-on de le ſéduire &
» de le tromper ? on rencontre mille
» facilités. » (*i*)

DID. Nous en voyons la preuve dans
l'établiſſement du Chriſtianiſme. » Quelle
» ſenſation ne dut pas faire au milieu
» des *tranquilles* Philoſophes, une nou-
» velle école, qui établiſſoit pour pre-
» mier principe qu'hors de ſon ſein il
» n'y avoit ni probité dans le monde,

[*h*] Dict. a. Bion.
[*i*] Lett. cabal. t. 2. p. 192.

» ni salut dans l'autre , parce que sa
» morale étoit la véritable morale , &
» que son Dieu étoit le vrai Dieu. » (*k*)

ACCORT. Cela dut en effet allarmer
les Philosophes, toujours *tranquilles*, qui
n'admettent ni *Dieu ni morale*.

DID. » La Religion commençoit à
» les allarmer par la rapidité de ses
» progrès. Le soulévement des peuples
» auroit été général, sans un petit nom-
» bre d'hommes froids, tels qu'ils s'en
» trouve toujours dans les sociétés, qui
» demeurent long-temps spectateurs in-
» différents, qui écoutent, qui pesent,
» qui n'appartiennent à aucun parti, &
» qui finissent par se faire un systême
» conciliateur auquel ils se flattent que
» le grand nombre reviendra. » (*l*)

BOULL. » Il se trouva dans tous les
» siecles des hommes qui détrompés des
» préventions de leurs concitoyens,
» oserent leur montrer la vérité. » (*m*)

ACCORT. Quelle *vérité* ? Quel *systême
conciliateur* ces Philosophes idolâtres
ont-*ils osé montrer*, qui aient été agréés
par le *grand nombre* ? Comment *un petit*

[*k*] Encyc. a. ecclest. p. 171.
[*l*] Ibid.
[*m*] Christ. dév. p. 19.

nombre d'hommes froids empêcha-t-il le
soulevement général dans la circonstance
où la religion commençoit à allarmer
par la rapidité de *ses progrès* ? Si tout
le monde se faisoit chrétien, *le soulevement* contre la religion, pouvoit-il être
général ?

DID. Il ne le fut pas. » Le sang des
» Martyrs continuoit de fructifier, la
» Religion Chrétienne de se répandre
» malgré les obstacles, & la Philoso-
» phie perdoit sans cesse de son cré-
» dit. » (*n*)

ACCORT. C'étoit *ces Philosophes tranquilles, ces hommes froids* qui répandoient
le sang des Martyrs, & n'en perdoient
pas moins de *leur crédit.*

La METR. Mal-à-propos. » Julien
» l'Apostat valoit-il moins que Chré-
» tien ? » (*o*)

TOUSS. Oui. » Si le culte extérieur
» dans lequel on est né, est compatible
» avec les principes de la Religion na-
» turelle, on doit se faire une loi de
» n'y donner jamais atteinte. Je par-
» donne à un Turc d'être Mahométan,

[*n*] Ibid. p. 277.
[*o*] Œuv. phil. disc. prel. p. 14

» & je ne pardonne pas à un Chrétien
» de prendre le turban. » (p)

La MET. » Et moi, je me propose
» de prouver que la philosophie, toute
» contraire qu'elle est à la morale &
» à la Religion, ne peut que refferrer
» & fortifier ces deux liens de focié-
» té. » (q)

ACCORT. Elle les fortifie en les rom-
pant ? Quand nous prouverez-vous cet
axiome philosophique ?

BOULL. » J'ai observé que beaucoup
» d'hommes fans mœurs ont attaqué la Re-
» ligion, parce qu'elle contrarfoit leurs
» penchants, que beaucoup de fages l'ont
» méprifée, parce qu'elle leur paroiffoit
» ridicule, que beaucoup de perfonnes
» l'ont regardée comme indifférente, par-
» ce qu'elles n'en ont point fenti les vrais
» inconvénients ; comme citoyen je l'at-
» taque, parce qu'elle me paroît nuifible
» au bien de l'Etat, ennemie des progrès
» de l'efprit humain, oppofée à la faine
» morale. » (r)

BAYLE. Vous perdez votre temps.
» Le tribunal de la Philofophie eft in-

---

[p] Les mœurs, p. p. 266.
[q] Œuv. phil. ibid.
[r] Chrift. dév. pref. p. 17.

D

» compétent pour juger de la Religion
» Chrétienne. » (*f*)

BOULL. » Mon livre ne sauroit être
» dangereux au peuple. Quand même
» un insensé conseilleroit aux gens du
» peuple de voler ou d'assassiner, le
» gibet les avertiroit de n'en rien faire.
» Si par hazard il se trouvoit parmi le
» peuple un homme capable de lire un
» ouvrage philosophique, il est certain
» que ce ne seroit pas communément
» un scélérat à craindre. » (*t*)

ACCORT. Ce seroit cependant un
scélérat, un *scélérat formé par la lecture*
d'un ouvrage philosophique, un scélérat à
craindre, s'il n'est pas Peuple.

BOULL. » Le censeur qui aura lu
» mon ouvrage, confessera que le chris-
» tianisme est un tissu d'absurdités, &
» le produit informe de presque toutes
» des anciennes superstitions ; c'est une
» religion sanguinaire. Un bon Chré-
» tien ne peut avoir connoissance de
» la vraie morale. Il ne peut être qu'un
» misantrope inutile, ou un fanatique
» turbulent. » (*v*)

(*f*) Notes du Dict. t. 4.
(*t*) Ibid. p. 4.
(*v*) Ibid. p. 4. 25.

ACCORT. Sur-tout s'il est bon Chrétien.

DALEMB. Boullanger, votre projet est téméraire, & sera sans succès. « La » meilleure Religion pour un État est » celle qui conserve les mœurs ; or, » puisque le Christianisme a cet avan- » tage sur toutes les autres Religions, » ce seroit pécher contre la saine poli- » tique que de ne pas employer pour » favoriser ses progrès, tous les ména- » gemens que suggere la prudence » humaine. Cet esprit de douceur & » de modération qui le caractérise ; cette » soumission respectueuse envers les Sou- » verains (quelque soit leur Religion) » qu'il ordonne à tous ses sectateurs ; » cette patience invincible qu'il oppose » aux Neron & aux Dioclétien qui le per- » sécuterent, quoiqu'assez fort pour leur » résister ; tout cela joint à une mo- » rale pure & sublime qui en étoit la » source , le firent recevoir dans ce » vaste empire. » (u)

ACCORT. *Les bons Chrétiens ont donc connoissance de la vraie morale*, puisqu'ils la pratiquent.

____

(u) Encyc. a Christian. p. 385.

BOULL. Aucune. D'Alembert plaifante;
» Les Empereurs Romains devenus Chré-
» tiens eux-mêmes, c'eft-à-dire , entraî-
» nés par un torrent devenu prefque
» général, firent monter la Religion
» fur le trône. Les Chrétiens rendirent
» alors aux payens avec ufure les maux
» qu'ils en avoient reçus. Les féditions
» de l'Empire Romain furent caufées
» par le zele effréné des Souverains
» & de ces Prêtres pacifiques , qui peu
» auparavant ne vouloient que la dou-
» ceur & l'indulgence. » (*)

    D'ALEMB. Boullanger fe trompe. » Si
» dans ce grand changement que le
» Chriftianifme produifit dans les efprits,
» le repos de l'Empire fut un peu trou-
» blé , la faute en eft au paganifme , qui
» s'arma de toutes les paffions pour
» combattre le Chriftianifme qui détrui-
» foit par-tout fes autels , & forçoit au
» filence les oracles menteurs de fes
» Dieux. C'eft une juftice que l'on doit
» au Chriftianifme que dans toutes les
» féditions qui ont ébranlé l'Empire
» Romain , aucuns de fes enfants ne
» s'eft trouvé complice des conjurations

____

(*) Chrift. dev. p. 34.

» formées contre la vie des Empe-
» reurs. » (*y*)

BOULL. Vous ignorez l'histoire. » Le
» Christianisme dans sa naissance fut for-
» cé de se borner aux gens du peuple.
» Il ne fut embrassé que par les hom-
» mes les plus abjects d'entre les Juifs
» & les Payens. » (*z*) Je pourrois
m'appuyer de l'autorité de Freret & de
Bolinbrok.

ACCORT. Ne vous mettez point en
frais. Qui entend l'un, entend l'autre.
*Omnes congruunt, unum cognoris, omnes
noris.* (*a*) Est-il bien vrai que les premiers Chrétiens ne fussent que *des hommes abjects d'entre les Juifs & les Payens?*
Nicodeme, Jaïre, Chrispus, n'étoient-ils
pas les chefs de la Synagogue? Denis
Juge de l'Aréopage, le Prince de Ca-
pharnaum, Flavius Clemens, cousin ger-
main de l'Empereur, étoient-ils des gens
du peuple? En vous accordant votre
prétention, comment ne sentez-vous
pas qu'elle accroît le prodige de l'éta-
blissement du Christianisme? Vous ne
pouvez en effet contester que ce peu-

[*y*] Ibid.
[*z*] Ibid. p. 11. 13.
[*a*] Ter. phorm.

ple que vous méprifez , & dans qui vous ne fuppofez peut-être pas une étincelle de raifon, n'ait fait approuver fon choix au monde entier, & ne foit devenu le docteur des Sages, des Savants, & des Philofophes.

BOULL. Cela n'eft point étonnant. » La plupart ne tiennent à leur religion » que par habitude. »

ACCORT. C'eft pour cela qu'il eft très-étonnant qu'ils ayent quitté leur religion pour embraffer celle des Chrétiens.

BOULL. » Cette Religion fut toujours » la chofe qu'ils craignirent le plus » d'approfondir. »

ACCORT. La reçurent-ils fans la con-noître ?

BOULL. » Jamais ils n'ont daigné ren-» dre compte de leur croyance. »

ACCORT. Queft-ce donc que les apo-logies d'Origene, de Tertullien , de S. Juftin, d'Arnobe ?

BOULL. » Jamais ils ne répondront » à nos écrits victorieux. Jean Melier a » demandé pardon à Dieu en mourant » d'avoir enfeigné le Chriftianifme. » (b)

J. J. ROUSS. Voltaire a demandé

[b] Chrift. dev. p. 2.

pardon à Dieu de l'avoir combattu.

VOLT. Quelle confiance peut-on prendre dans ce que vous dites ? » Vous avez
» été affiché calomniateur au coin des
» rues. » (c)

J. J. ROUSS. Votre profession de
foi est à Geix, chez le Notaire Raffo,
en date du 31 Mars 1769. Vous y ex-
posez les dogmes de la foi, & déclarez
solemnellement que *hors de cette foi vé-*
ritable & catholique on ne peut être sauvé.

BAYLE Je n'ai point de peine à croire
ce fait. » Les Philosophes se voyant
» dans le lit de l'infirmité, où l'irréligion
» ne le r est plus d'aucun usage, ils
» prennent le parti le plus sûr, celui
» qui promet une félicité éternelle, en
» cas qu'il soit vrai, & qui ne fait cou-
» rir aucun risque, en cas qu'il soit
» faux. » (d)

DID. » L'incrédulité est quelquefois
» le vice d'un sot. » (e)

ACCORT. Cela ne vous fait pas honneur.

DIDER. Voici comme je l'entends.

---

[c] Lett. à J. J. D. P.
[d] Dict. a. Bion.
[e] Pens. Phil. n. 31.

» Celui qui n'aura pas fait le calcul des
» probabilités opposées fur un même
» fait, mais qui l'aura préfumé tel en
» effet qu'il eft, & qu'il doit être, par
» l'habitude d'un efprit exercé à difcer-
» ner la vérité fans entrer dans la dif-
» cuffion fcrupuleufe des preuves, fera
» néceffairement un incrédule. » (*f*)

ACCORT. Fort bien, mais on ne vous
entend pas, & vous refteriez à ce que
vous favez.

DID. Ecoutez. » L'inconvaincu mé-
» rite d'être inftruit, l'incrédule d'être
» exhorté, l'impie feul eft fans excu-
» fe. » (*g*) Cela eft-il intelligible ?

ACCORT. Oui ; mais cela n'eft pas
françois. Une mauvaife raifon, dit Vau-
gelas, fait moins de tort qu'un mot im-
propre, parce qu'il n'y a que les gens
à réflexion qui connoiffent la fauffeté
d'un raifonnement, au lieu qu'une ex-
preffion vicieufe eft remarquée de tout
le monde.

LUCR. Courage Diderot. » L'ami de
» la nature n'eft point notre ennemi.
» S'il renverfe ces temples & ces autels
» noircis par des facrifices cruels, en-

____

[*f*] Encyc. a. crédulité. p. 431.
[*g*] Ibid.

» fumés par un encens fervile, c'eſt
» pour élever à la paix, à la raiſon,
» à la vertu, un monument durable, dans
» lequel vous trouviez en tout temps un
» aſyle contre vos frénéſies, vos paſſions,
» & contre celles des hommes puiſſants
» qui vous oppriment. » (h)

Bayle. » Il n'y a que la véritable
» Religion qui porte l'homme à com-
» battre ſes paſſions, & qui le rende
» vertueux. » (i)

Accort. Nous ſerions tous d'accord,
dit un proverbe Eſpagnol, s'il n'y avoit
ni foux, ni frippons dans le monde.

E C R I T U R E S.

P R O L O G U E.

J U L I E N prétendoit que l'hiſtoire de
Moyſe étoit remplie d'abſurdités, de
contradictions, & de fables. Spinoſa
ſoutient qu'il n'eſt point l'auteur du Pentateuque. Triphon reproche aux Chré-

[h] Syſt. de la nat. à la fin.
[i] Œuv. t. 4. p. 84.

tiens de croire des fables, & d'être aussi
foux que les Grecs. Lucien traite leur
doctrine d'invention de vieilles femmes ;
Autolycus de folie ; Julien de stupidité
& de grossiereté. Celse accuse Jesus-
Christ d'avoir enseigné des choses ridicules. » Vous vous attachez, lui disoit Orige-
» ne, à des faits isolés, dont vous écartez
» le vrai sens pour les rendre ridicules.
» Vous vous répétez sans cesse en mul-
» tipliant les tournures & les images,
» pour persuader que vous multipliez
» les objections, vous prennez un ton
» l'hauteur, de raillerie & d'aigreur,
» que la Religion réprouve, & qui
» déshonore la Philosophie. »

Newton, dit M. de Fontenelle, ne
s'en tenoit pas à la Religion naturelle.
Il étoit persuadé de la révélation, & parmi les livres de toute espece qu'il
avoit sans cesse entre les mains, celui
qu'il lisoit le plus assiduement, étoit la
Bible.

DIALOGUE TROISIEME.

DIDEROT. » Il y a dans nos Eglises
» des tableaux qu'on nous assure avoir

» été peints par des Anges, & par la
» Divinité même. » (*a*)

ACCORT. Pourrez-vous nous procurer
le plaisir de voir ces chefs-d'œuvres di-
vins, auprès desquels ceux de le Sueur &
de le Brun ne doivent être qu'un bar-
bouillage ?

DID. Je ne vous annonce point des
chefs-d'œuvres. » Quand j'observe ces
» célestes ouvrages, & que je vois à
» chaque pas les regles de la peinture
» violées dans le dessin & dans l'exé-
» cution, le vrai de l'art abandonné par-
» tout. » (*b*)

ACCORT. Comment ces ouvrages, s'ils
font *célestes*, peuvent-ils être défectueux ?
Apprennez-nous quelle Eglise conserve
ces précieux dépôts.

DID. Voyez mes pensées philosophi-
ques.

ACCORT. Je les ai assez vues pour
n'être pas tenté de les revoir. C'est donc
là le temple conservateur de ces tableaux
où les regles font violées dans le *dessin &*
dans l'exécution ?

DID. Ces tableaux font les *Ecritures*.
LUCR. » Ces recueils absurdes & dif-

[*a*] Penf. phil.
[*b*] Ibid

D 6

» cordants, où ce que l'on donne pour
» la parole du Dieu de la fageffe, n'eft
» qu'un langage obfcur, inintelligible,
» déraifonnable, où l'on ne voit qu'un
» Dieu cruel, injufte , partial. » (c)

ACCORT. Où avez-vous vu des traits
fi choquants ?

VOLT. » Varbufton a fait voir que
» la Genefe eft un Roman, Moyfe un
» ignorant, un ambitieux, un faux Pro-
» phete. » (d)

VARB. Vous ofez me calomnier de
mon vivant ? Infultez Moyfe, comme
vous infultez tout ce qui vous contredit , mais ne vous appuyez pas de mon
fuffrage.

VOLT. » Tu exerce ton infolence &
» ta fureur fur les étrangers comme fur
» tes compatriotes. Tu hais, tu calom-
» nie dans ton pays ; tes mains dégou-
» tent de fiel & d'encre. » (e)

ACCORT. Il devroit apprendre de
vous à être plus véridique & plus honn-
nête.

BOULL. Je demande à Varbufton

[c] Sift. de la nat. 2. p. c. 3.
[d] Orac. des anc. fid. p. 24. 33. 95. 121.
[e] Lett. à Varbufton.

» comment Moyfe a le front de décla-
» rer qu'il eft le plus doux des hom-
» mes, après avoir fait paffer au fil de
» l'épée 47000 Ifraëlites ? » (*f*)

ACCORT. Quarante - fept mille ? C'eft
beaucoup. Mais qu'importe ? un nombre quelconque ne fera point un préjugé contre la douceur de Moyfe, s'il
eft vrai qu'il n'ait agi que par l'ordre
du Maître de la vie & de la mort.

VOLT. Eft-ce par l'ordre de Dieu,
» que les facrifices humains font clai-
» rement établis dans la loi de ce dé-
» teftable peuple ? Il n'y a aucun point
» d'hiftoire mieux conftaté. » (*g*)

ACCORT. Indiquez-nous la fource où
vous avez puifé ce fait ?

Mde. MEN. Il n'eft que trop vrai.
» Je gémis de voir que la religion des
» Juifs, modifiée à quelques égards, foit
» aujourd'hui l'objet de la vénération
» de l'Occident. Les fuperftions du peu-
» ple le plus méprifable de l'Afie, font
» très-refpectées par toute l'Europe, qui
» fe croit éclairée & devenue raifon-
» nable. . . . Le Sacerdoce s'en fert

[*f*] Chrift. dev. p. 60.
[*g*] t. 2. p. 82.

» pour fermer la bouche au fens com-
» mun. » (*h*)

ACCORT. Quand il ne s'agira que du
fens commun, ne l'enviez point aux Prêtres. De fi minces prétentions ne doivent point affecter des génies plus éclairés
que *toute l'Europe. De minimis non curat
Prætor.*

MONTESQ. » Solon s'applaudiffoit
» d'avoir donné aux Athéniens, non pas
» les meilleures loix poffibles, mais les
» meilleures qu'ils fuffent en état de
» fupporter. Voilà l'éponge de toutes
» les difficultés que l'on peut faire fur
» les loix de Moyfe. » (*i*)

VOLT. J'ai à propofer une difficulté
qui eft du reffort du *fens commun.* » Com-
» ment vous appuyez-vous fur l'antiqui-
» té des Ecritures, puifque les Juifs n'a-
» voient pas feulement de livres du temps
» d'Ofias ? On trouva par hazard fous
» fon regne le feul exemplaire qui exif-
» tât. » (*k*)

ACCORT. Les Juifs avoient des *Livres*,
mais ils n'avoient pas alors l'original
que l'on trouva fous Jofias, & non fous

[*h*] Effais fur les préj. p. 116.
[*i*] L'efp. des loix, l. 14. c. 21.
[*k*] t. 7. p. 24.

Osias. Cette méprise de votre part est si légere, qu'elle ne mérite pas la peine d'être remarquée.

Did. Quelque date que vous donniez aux Ecritures, » il est certain que » la version latine est méprisable. » (*l*)

Accort. Comparée sur-tout à vos ouvrages, *l'interprétation de la nature, le fils naturel, la lettre sur les aveugles*, &c. Quel style magique ! Quelle sublimité d'idées !

Volt. » Les Métamorphoses d'Ovi- » de sont, par la malice du démon, bien » plus agréables que les Cantiques des » Juifs. » (*m*)

Accort. Gage que vous connoissez des femmes qui les liroient plus volontiers que l'histoire de Susanne. Je vois bien que les Ecritures ne vous paroissent pas être l'ouvrage de la Divinité ?.

Did. » Nous croyons l'Ecriture ins- » pirée toute entiere par l'Esprit-Saint, » quoiqu'écrites par différentes mains. (*n*)

Accort. L'Esprit-Saint est-il donc un mauvais peintre, qui ignore les *regles de l'art* ?

[*l*] Pens. phil. n. 40.
[*m*] Mél. phil. t. 4. p. 41.
[*n*] Encyc. a. cahos, p. 159.

VOLT. Diderot tranche trop légere-
ment. » Tout ce qui n'eſt conforme
» ni à la Phyſique, ni à la raiſon, ni
» à la trempe du cœur humain, n'eſt
» que du ſable. » (*o*)

ACCORT. Or l'Ecriture ne parle point
du ſyſtême de Copernic, enſeigne des
myſteres, contredit nos penchants,
donc, &c.

· VOLT. Cela eſt bien conclu. » La
» Phyſique eſt la pierre de touche des li-
» vres que les fauſſes religions préten-
» dent · écrits par la Divinité, parce
» que Dieu n'eſt ni abſurde, ni igno-
» rant ; mais le vulgaire, qui ne voit
» point ces fautes, les adore, tandis
» que les Imans emploient un déluge
» de paroles pour les pallier. » (*p*)

ACCORT. Votre obſervation feroit
bien judicieuſe, ſi *ces livres* avoient pour
but d'enſeigner la Phyſique.

DALEMB. » L'Ecriture a beſoin de
» parler le langage de la multitude pour
» le mettre à ſa portée. Qu'un Miſſion-
» naire, tranſplanté au milieu des peu-
» ples ſauvages, leur prêche ainſi l'E-
» vangile : Je vous annonce le Dieu qui

[*o*] t. 8. p. 94.
[*p*] t. 13. p. 55.

(89)

» fait tourner autour du foleil cette
» terre que vous habitez ; aucun de
» ces fauvages ne daignera faire attention
» à fon difcours. » (*q*)

BOULL. Chofe plaifante ! » Jofué ar-
» rête le foleil qui ne tourne point. » (*r*)

ACCORT. Tandis que perfonne ne
peut arrêter la tête qui vous tourne.

VOLT. » La Sainte Ecriture, en ma-
» tiere de phyfique, s'eft toujours pro-
» portionnée aux idées reçues ; ainfi
» elle fuppofe que la terre eft immo-
» bile, que le foleil marche; d'où l'on
» peut conclure que ce n'eft pas la phy-
» fique, mais la morale qu'il faut cher-
» cher dans la Bible ; qu'elle doit faire
» des Chrétiens & non des Philofo-
» phes. » (*ſ*)

ACCORT. Ce n'eft donc plus dans la
Phyfique que l'on doit chercher *la pierre
de touche des livres prétendus écrits par la
Divinité*?

BAYLE. Non. » On doit immoler
» tous les arguments philofophiques à
» l'autorité de l'Ecriture. » (*t*)

---

[q] Mél. de Litt. t. 4. p. 342.
[r] Chrift. dev. p. 229.
(ſ) t. 8. p. 553.
(t) Œuv. t. 3. p. 834.

Le Marq. D'ARG. » Ce ſont les li-
» vres de théologie que les peuples
» doivent brûler, & ſe contenter d'a-
» voir pour les conduire les ſeuls qui
» ne ſauroient jamais les égarer, c'eſt-
» à-dire, les Saintes Ecritures. Une
» paix éternelle ſuccéderoit à la diſcor-
» de la plus envenimée. » (v)

ACCORT. Ce ſont plutôt les monuments de l'hiſtoire que les Philoſophes
doivent condamner au feu. Ils auront
moins de contradicteurs ſur les faits.
Luther, Zuingle, Socin n'admettoient
que l'Ecriture, étoient-ils d'accord ?

Le Marq. D'ARG. Je perſiſte à croire » que les Nazaréens ſeroient heu-
» reux, s'ils avoient obſervé les mêmes
» loix que les Caraïtes, (Secte parmi
» les Juifs) qui n'écrivirent jamais ſur
» les livres ſaints. » (u)

ACCORT. Quel dommage de condamner à l'oubli les ſavants commentaires
que nous avons ſur l'Ecriture ?

Le Marq. D'ARG. C'eſt bien mal-à-pro-
» pos qu'un Docteur Allemand a taxé les
» Théologiens François de n'être pas
» profonds dans l'intelligence de l'E-

(v) Lett. cabal. t. 5. p. 311.
(u) Ibid. t. 6. p. 324.

» criture ; & d'où font fortis tous ces
» beaux traités de controverfe qui ont
» fait l'admiration de tous les Savants ?
» Ces gens qui louent le mérite par-
» tout où il fe rencontre, conviendront
» également, qu'ils foient Papiftes ou
» Huguenots, que tous ces auteurs ont
» défendu la caufe qu'ils avoient em-
» braffée avec toute la force imagina-
» ble. Il eft impoffible de porter plus
» loin la force du raifonnement, & la
» profonde connoiffance de l'antiquité, fi
» néceffaire à l'explication des livres
» faints. » (*)

ACCORT. Brûler des livres qui ont
fait *l'admiration des Savants* : étudier
l'antiquité *fi néceffaire à l'explication des
livres faints*, qu'on ne devroit jamais expliquer ; enfeignez-nous à concilier de
fi belles ... es.

VOLT. Quelle perte quand on feroit
privé de ces livres où l'on voit » Eze-
» chiel manger, par ordre de Dieu, des
» excréments humains ? Et Ofée fe
» fouiller avec une femme adultere,
» & en avoir des enfants illégiti-
» mes ? » (y)

(*) Ibid.
(y) Queftion de Zapata, n. 46. Examen Imp. c. 10.

J. J. **Rouss.** L'Ecriture ne dit point cela, quoiqu'elle rapporte des choses singulieres, capables de surprendre ceux qui ignorent l'antiquité. » C'est qu'alors » ce que l'on disoit le plus vivement, » ne s'exprimoit pas par des mots, » mais par des signes. On ne le disoit » pas, on le montroit. Thrasybule & » Tarquin coupant des têtes de pavots, » Alexandre appliquant son sceau sur » la bouche de son favori, Diogene » marchant devant Zenon, ne parloient- » ils pas mieux que s'ils avoient fait de » longs discours ? Darius, engagé dans » la Scytie avec son armée, reçoit de » la part du Roi des Scytes, un oiseau, » une grenouille, une souris, & cinq » fleches. L'Ambassadeur remet son pré- » sent, & s'en retourne sans rien dire. De » nos jours cet homme eût passé pour un » fou. Cette terrible harangue fut enten- » due, & Darius n'eût plus grande hâte que » de regagner son pays comme il put. » Les siecles reculés avoient beaucoup » de goût pour les figures, les emblé- » mes, & les paraboles. Le génie des » langues anciennes étoit plein d'éner- » gie, de métaphores, & d'emphase. » Ce qui seroit aujourd'hui une obscé-

» nité , une chose ridicule, ne l'étoit
» point alors. » (1)

VOLT. » Docteur Pansophe , tenez
» vous-en à votre lettre du 20 Octobre
» 1765 , dans laquelle vous suppliez
» MM. de Berne de vouloir bien avoir
» la bonté de vous faire enfermer le
» reste de vos jours dans quelqu'un de
» leurs châteaux, ou tel autre lieu de
» leur État qu'il leur semblera bon de
» choisir. » (a)

Mde. MEN. Je le prierai avant qu'on
l'enferme, de m'expliquer cet endroit
de *l'Ecriture où il est dit que Dieu* » fit
» la lumiere avant le soleil. Je n'avois
» pas jusqu'ici distingué l'un de l'au-
» tre. » (b)

ACCORT. Quand le soleil est couché,
vous restez donc sans lumiere ?

Le Marq. D'ARG. Je lui ferai également-
ment obligé de me faire comprendre
» comment il est possible que de pré-
» tendues cataractes ayent inondé toute
» la terre. Car la mer n'a pas plus de
» 200 pieds de profondeur. Le mont
» Gordien ou l'Ararat, qui sont les mon-

-----

(1) t. 3. p. 216.
(a) Lett. à J. J. d. P.
(b) Catéchisme de l'honnête Homme.

» ragnes les plus élevées, ne surpassent
» point de trois mille pas la surface de
» la mer. Ainsi il faudroit douze ou
» quinze fois autant d'eau que la terre,
» dans la quantité marquée pour le délu-
» ge. Le P. Marsene démontre que les
» orages les plus violents ne versent
» qu'un pouce & demi d'eau par demi-
» heure, ce qui fait six pieds dans un
» jour. Le déluge n'ayant duré que qua-
» rante fois vingt-quatre heures, en
» supposant les plus hautes monta-
» gnes à deux mille pas d'élévation,
» il faudroit pour les égaler, que le
» Ciel eût versé en vingt-quatre heures
» cent vingt-cinq pieds d'eau, au lieu
» de six qu'il verse dans les plus grands
» orages. Ce qui excede la possibilité de
» la nature. » (c)

ACCORT. Cela excede-t-il le pouvoir
de Dieu ? Voilà la question.

MAILLET. » Il tombe des pluies
» pendant cinq ou six mois en Abyssi-
» nie, & l'on ne voit point de déluge
» universel. Il y a eu un déluge, mais
» pour une contrée seulement, quoiqu'il
» surpassât de quinze coudées les plus
» hautes montagnes. Cela peut s'expliquer

____

(c) Phil. du bon sens. t. 2.

« fans donner tant d'affaires à la divi-
» nité. » (d)

ACCORT. *Un déluge pour une contrée
seulement, qui surpasse de quinze coudées
les plus hautes montagnes !* L'intervention
de la divinité ne sera pas de trop pour
persuader un déluge plus incroyable que
le déluge universel.

VOLT. » Moyse est un imposteur. » (e)

ACCORT. Autant que vous êtes véridique. Quel imposteur qui a donné le
meilleur abrégé des loix naturelles, &
qui a appris aux hommes à être religieux
envers Dieu, & équitables envers leurs
semblables ?

BOULL. Quelle preuve nous donne-
t-on de son autorité ? » Dieu, nous dit-
» on, a parlé il y a des milliers d'an-
» nées à des hommes choisis, mais
» comment s'assurer s'il est vrai que
» Dieu ait parlé, sinon en s'en rap-
» portant au témoignage de ceux mêmes
» qui disent avoir reçu ses ordres ?
» Comment découvrir aujourd'hui s'il
» est bien vrai que Moyse ait conver-
» sé avec son Dieu, & qu'il ait reçu

____

(d) Telliamed. t. 1. p. 140,
[e] Oracle des anc. &d.

» de lui la loi du Peuple Juif, il y a
» quelques milliers d'années ? Comment
» s'en rapporter au témoignage d'un
» homme qui, après avoir fait tant de
» miracles, n'a jamais pu détromper son
» peuple de l'idolâtrie. ? (*f*)

ACCORT. Il est certain qu'il nous est
impossible d'interroger les témoins de
ces faits.

DALEMB. » Les titres de la divinité
» du Christianisme sont contenus dans
» les livres de l'ancien & du nouveau
» Testament. La critique la plus sévere
» reconnoît l'authenticité de ces livres,
» la raison la plus fiere respecte la vé-
» rité des faits qu'ils rapportent , & la
» saine philosophie, s'appuyant sur leur
» authenticité & sur leur vérité, conclut
» de l'une & de l'autre que ces livres sont
» divinement inspirés. » (*g*)

VOLT. » Il est également impossible
» de démontrer ou de nier l'authenticité
» des pieces qui composent le Penta-
» teuque. » (*h*)

ACCORT. S'il est *impossible de nier*, il

____

(*f*) Christ. dev. p. 60.
(*g*) Encyc. A. Christian.
(*h*) Orac. des ames fid. p. 24.

il eft donc revêtu de preuves convaincantes, inconteftables, & dès-lors il n'eft
plus befoin d'en démontrer la vérité.

BOULL. » Quelle preuve avons-nous
» de la miffion de Moyfe, finon le témoi-
» gnage de fix cent mille Ifraëlites grof-
» fiers, fuperftitieux, ignorants & incré-
» dules, qui furent peut-être les dupes
» d'un Légiflateur féroce, toujours prêt
» à les exterminer, ou qui n'eurent ja-
» mais connoiffance de ce qu'on devoit
» écrire par la fuite fur le compte de
» ce fameux Légiflateur. » (i)

ACCORT. Pourquoi un *peut-être*? On
conçoit affez l'incertitude d'un fait qui
n'eft attefté que par *fix cent mille* témoins
oculaires, & qui avoient entre les mains
les *écrits* dé leur fameux Légiflateur.

BAYLE. » Il n'y a rien de plus infenfé
» que de raifonner contre des faits. » (k)

J. J. ROUSS. Je ne contefte point l'authenticité du Pentateuque. » Mais l'Évan-
» gile eft plein de chofes incroyables,
» qu'il eft impoffible à tout homme fenfé
» de concevoir ni d'admettre. On croiroit
» plutôt à la magie, que de reconnoître

(i) Chrift. dév. p. 60.

(k) Notes du Dict. t. 4.

» la voix de Dieu dans de pareilles le-
» çons. » (*l*)

ACCORT. Vous rejettez l'Evangile ?

J. J. ROUSS. » Je reste inviolablement
» attaché au culte de mes peres. Comme
» eux je prends l'Ecriture & la tradition
» pour les regles uniques de ma croyan-
» ce. » (*m*)

ACCORT. *L'Évangile* est *incroyable*, &
vous croyez l'*Écriture* ? Est-ce que l'E-
vangile n'appartient pas à l'Écriture ?

BAYLE. » Il est faux que l'Ecriture
» enseigne des choses contraires à des
» vérités évidentes, & mon sentiment est
» qu'une notion évidente doit faire moins
» d'impression sur notre esprit, qu'une
» doctrine révélée contraire à cette no-
» tion. » (*n*)

J. J. ROUSS. *Une doctrine contraire à*
l'évidence ne peut être révélée. » L'Evan-
» gile , vraie pomme de discorde , a
» été la source des maux du genre hu-
» main. Croyons-nous que Dieu vouloit
» le bien du genre humain, en lui don-
» nant le seul organe de la révélation ?
» Non, il vouloit plutôt se donner le

____

(*l*) Emil. t. 3 , p. 165.
(*m*) Lett. p. 113.
(*n*) Œuv. t. 4, p. 23.

» plaisir de voir les hommes s'entr'égor-
» ger pour des logogryphes. » (o)

ACCORT. Le Dieu que vous adorez
n'est donc plus l'*Etre clément & bon*?

J. J. ROUSS. Je ne sais; » car exa-
» minez toutes vos guerres, appellées
» guerres de religion, vous trouverez
» qu'il n'y en a pas une qui n'ait eu sa
» cause à la Cour & dans les intérêts
» des Grands. Des intrigues de cabinet
» brouilloient les affaires, & puis les chefs
» ameutoient les peuples au nom de
» Dieu. » (p)

ACCORT. L'*Evangile n'est donc plus la
pomme de discorde*?

J. J. ROUSS. » L'Evangile est la piece
» qui décide; mais pourquoi faut-il des
» intermédiaires entre Dieu & moi ? (q)

ACCORT. C'est que vous n'êtes pas le
premier des hommes.

J. J. ROUSS. » Pourquoi les livres sa-
» crés ont-ils été écrits? (r)

ACCORT. Connoissez-vous des livres
qui ne le soient point ?

J. J. ROUSS. » Ceux-là le sont dans

(o) Lett. p. 80.
(p) Lett. p. 88.
(q) Ibid. p. 101.
(r) Lett. p. 75.

» des langues inconnues. On traduit ces
» livres, dira-t-on, belle réponse! Qui
» m'assurera que ces livres sont fidéle-
» ment traduits? Qu'il est même possible
» qu'ils le soient? Quand Dieu fait tant
» que de parler aux hommes, pourquoi
» faut-il qu'il ait besoin d'interprete? Les
» livres sont des sources intarissables de
» disputes. Le langage humain n'est pas
» assez clair. Dieu lui-même, s'il daignoit
» nous parler dans nos langues, ne nous
» diroit rien sur quoi l'on ne put dispu-
» ter. » (ſ)

ACCORT. Dans quelle langue Dieu
auroit-il parlé aux hommes, puisqu'il a
eu tort de leur parler dans une langue
humaine?

J. J. ROUSS. » Je vous avoue cepen-
» dant que la majesté des écritures m'é-
» tonne. La sainteté de l'Evangile parle
» à mon cœur. Se peut-il qu'un livre si
» sublime & si simple, soit l'ouvrage des
» hommes? » (t)

ACCORT. On ne risque donc rien à
l'honorer comme l'ouvrage de Dieu?

J. J. ROUSS. Beaucoup. » Dieu doit-

(ſ) Ibid.

(t) Ibid. p. 99.

(101)

» il compte des tromperies d'un impof-
» teur? Quand vous vous laiffez dupe,
» c'eft votre faute & non la fienne. « (v)

ACCORT. L'Evangile eft donc l'ouvrage
de l'impofture?

J. J. ROUSS. » Ce n'eft pas ainfi que
» l'on invente, & les faits de Socrate,
» dont perfonne ne doute, font moins
» atteftés que ceux de J. C. Au fond,
» c'eft reculer la difficulté fans la détruire.
» Il feroit plus inconcevable que plufieurs
» hommes d'accord euffent fabriqué ce
» livre, qu'il ne l'eft qu'un feul en ait
» fourni le fujet. Jamais des Auteurs Juifs
» n'euffent trouvé ni ce ton, ni cette mo-
» rale, & l'Evangile a des caracteres de
» vérité fi grands, fi frappants, fi par-
» faitement inimitables, que l'inventeur
» en feroit plus étonnant que le Hé-
» ros. » (x)

ACCORT. L'Evangile eft donc l'ouvrage de Dieu?

J. J. ROUSS. » Je tiens pour révélée
» toute doctrine où je reconnois l'efprit
» de Dieu. Je la reconnois, l'authenticité
» de l'Evangile, en conféquence de l'E-

____

(v) Ibid.
(x) Emil. t. 3, p. [illegible].

E 3

» vangile & de la fublimité que j'y vois,
» fans qu'on me l'attefte. L'Evangile eft
» la piece qui décide, & cette piece eft
» entre mes mains. De quelque maniere
» qu'elle y foit venue, & quelque Au-
» teur qui l'ait écrite, j'y reconnois l'ef-
» prit de Dieu. » (y)

ACCORT. Vous y reconnoiffiez il n'y
a qu'un moment l'efprit d'impofture?

J. J. ROUSS. » Que voulez-vous faire
» au milieu de ces contradictions? Être
» toujours modefte & circonfpect, ref-
» pecter en filence ce qu'on ne fauroit
» ni rejetter ni comprendre. Voilà le
» fcepticifme involontaire où je fuis ref-
» té. » (z)

ACCORT. Comment douter fi l'on re-
cevra une doctrine où l'on reconnoît
l'efprit de Dieu, & qui porte *des caracteres de vérités fi frappants?*

LE GRENAD. » Un homme fage doute
» toujours. » (a)

ACCORT. On peut par conféquent douter de votre fageffe.

VOLT. » Docteur Panfophe, vous vous
» êtes fait le précepteur d'un certain Emi-

(y) t. 3, p. 169;
(z) Ibid.
(a) Alamb. mor. p. 212.

» le que vous formez infenfiblement par
» des moyens impratiquables. Chez vous
» les Déiftes les plus conféquents font
» des Athées. Vous avez certes raifon
» de dire que vous n'êtes pas Philofophe.
» Le fage Philofophe Socrate but la ci-
» gue en filence. Il ne fit pas de libelles
» contre l'Aréopage, ni même contre le
» Prêtre Anitus; mais vous n'êtes pas un
» Socrate, ni un Philofophe. » (b)

 J. J. ROUSS. » Je ne vois pas comme
» les autres hommes, il y a long-temps
» qu'on me le reproche. » (c)

 VOLT. » Vous avez en effet dit qu'on
» ne pouvoit s'empêcher de croire l'E-
» vangile de Jefus, parce qu'il eft incroya-
» ble. Ainfi par un raifonnement fimilai-
» re, un Géometre pourroit dire qu'il
» eft évident que les trois angles d'un
» triangle ne font pas égaux, parce qu'il
» eft évident qu'ils le font. Mon ami Jean-
» Jacques, apprenez la Logique, & ne
» prenez pas comme Alcibiade, les hom-
» mes pour autant de têtes de choux. » (d)

 J. J. ROUSS. » J'apperçois dans mes
» livres des erreurs en affez grand nom-

(b) Lett. à J. J. d. p.
(c) Pref. d'Emil. p. 5.
(d) Ibid.

E 4

» bre. Je ne doute pas que d'autres n'en
» voyent beaucoup davantage. » (e)

VOLT. » Mon ami Jean-Jacques ayez
» de la bonne foi. Vous qui attaquez ma
» religion, dites-moi je vous prie quelle
» est la vôtre ? C'est sans contredit un
» fort grand malheur de ne pas croire à
» la Religion Chrétienne, qui est la seule
» vraie entre mille autres qui prétendent
» aussi l'être. Vous êtes un homme inex-
» plicable. Mais encore une fois appre-
» nez la Logique, & ne vous faites plus
» brûler mal-à-propos. » (f)

J. J. ROUSS. » Les hommes font men-
» teurs. » (g)

VOLT. » O Jean-Jacques, vous avez
» tant promis à Dieu & à la vérité de
» ne pas mentir. Si tout citoyen oisif est
» un frippon, voyez quel titre mérite un
» citoyen fanffaire, qui est arrogant avec
» tout le monde, & qui veut être pos-
» sesseur exclusif de toute la religion, la
» vertu & la raison qu'il y a eu dans
» l'Europe. *Væ misero! lilia nigra, vi-*
» *dentur, pallentesque rosa.* Soyez chrétien
» Jean-Jacques, puisque vous vous van-

____

(e) 1ere. Lett. p. 8.6.
(f) Lett. à J. J. d. R.
(g) Lett. p. 42.

› tez de l'être à toute force , mais au nom
» du bon sens & de la vérité , ne vous
» croyez pas le seul maître en Israël. » (h)

J. J. ROUSS. J'avoue mes fautes de
bonne foi. Pensez ce que vous voudrez,
je continuerai à me moquer des vôtres.
Prétendre que l'erreur, la contradiction
& le sophisme sont les priviléges du génie, c'est ne pas se respecter soi-même.
Je brûlerois ma plume, si je la croyois
capable d'écrire de si grandes sottises.

VOLT. » Docteur Pansophe, ne vous
» parez pas d'une feinte modestie, quoi-
» que vous ne soyez gueres modeste.
» Pourquoi dire à l'Archevêque de Paris
» que vous êtes né avec quelques talents ?
» Vous n'êtes sûrement pas né avec le
» talent de l'humilité, ni de la justesse
» d'esprit. Pourquoi dire au Public que
» vous avez refusé l'éducation d'un Prince,
» & avertir fierement qu'il appartiendra
» de ne pas vous faire dorénavant de
» pareilles propositions? Je crois que cet
» avis au public est plus vain qu'utile.
» Quand même Diogene une fois connu
» diroit au passants, *achetez votre maître*,
» on le laisseroit dans son tonneau avec

____

(h) *Ibid.*

E 5

» tout son orgueil & toute sa folie. « (*i*)

J. J. ROUSS. » Je brave mes sots lec-
» teurs, & le sot public. » (*k*)

VOLT. » Le Public n'est pas un sot.
» Il brave à son tour la démence qui vit
» & médit à ses dépens. « (*l*)

J. J. ROUSS. Je ris de tous ceux qui
se rient de moi.

VOLT. Vous êtes par conséquent l'homme de l'Europe qui se divertit le mieux.

J. J. ROUSS. Ne vous en inquiétez pas.
Songez plutôt à une nouvelle édition de
vos ouvrages. Profitez des censures judi-
cieuses qui en ont été faites, ou comptez sur
le blâme de votre siecle, & sur le mépris de la postérité. *Suum cuique decus
posteritas rependit.*

VOLT. Songez vous-même, Docteur
Pansophe, à remplir le défi que vous a
fait Bergier de lui répondre.

ACCORT. Paix donc, MM. le langage
des halles sied-il à des Philosophes?

VOLT. » Je n'attaque personne, mais
» je suis impitoyable pour ceux qui m'at-
» taquent. » (*m*)

(*i*) Ibid.
(*k*) Epit. au Public, à la tête du Comte d'Acajou.
(*l*) Ibid.
(*m*) Lett. à Guyot de Merville.

ACCORT. Que vous a-t-on dit d'offenfant ?

VOLT. » Il eft bien cruel, bien hon» teux pour l'efprit humain, que la Lit» térature foit infectée de ces haines per» fonnelles, de ces cabales, de ces in» trigues qui devroient être le partage » des efclaves de la fortune. Que gagnent » les Auteurs en fe déchirant cruellement? » Ils aviliffent une profeffion qu'il ne tient » qu'à eux de rendre refpectable. Faut» il que l'art de penfer, le plus beau par» tage des hommes, devienne une fource » de ridicule, & que les gens d'efprit, » rendus fouvent par leurs querelles » le jouet des fots, foient les bouffons » du public, dont ils devroient être les » maîtres ? » (n)

ACCORT. Rufus difoit de Cicéron, qu'il étoit auffi groffier que les Allobroges. Qu'il eft encore de Rufus, mon cher Voltaire !

SHAFTESBURY. Pour moi, fans entrer dans cette querelle, » je crois » fermement tous les faits & tous les » dogmes que propofe la Religion. Je » fuis perfuadé qu'elle eft divine, & nos » écritures infpirées, qu'elles méritent

______

(n) Pref. d'Alzire.

» la foumiffion & le refpe& de tout en-
» tendement humain, & qu'il n'y a que
» des libertins & des profanes qui puif-
» fent nier abfolument, ou contefter l'au-
» torité de la moindre ligne ou fyllabe
» de ces livres facrés. » (o)

BACON. Vous ne me furprenez point.
» Peu de Philofophie fuffit pour faire un
» incrédule, mais beaucoup de Philofo-
» phie ramene fûrement à la foi & à la
» vérité. » (p)

ACCORT. Nos Philofophes foi-difants
ne le font donc gueres en effet, car ils
me paroiffent bien éloignés de l'une &
de l'autre.

MYSTERES.

PROLOGUE.

EMPEDOCLE, & Pythagore fon maître, fe plaignoient de ce que la voie de
leurs fens, étoit trop étroite pour nous
conduire à la vérité. Parménide regardoit comme des infenfés ceux qui fe
croient véritablement favants. Platon ne

(o) Chauffe pied.
(p) De augm. Scient. L. 1.

décidoit jamais rien, fur quelque matiere
qu'on lui propofât.» Il y a 30 à 40 ans, dit
» Bernier, que je philofophe, perfuadé
» de certaines chofes, & voilà que je com-
» mence de douter. Bien plus, il y en a
» dont je ne doute plus, défefpéré d'y
» pouvoir jamais rien comprendre. A quoi
» bon, difoit Rohaut, ces longues &
» fubtiles difputes touchant la divifibilité
» de la matiere? Ne fuffit-il pas de con-
» noître qu'elle peut fe divifer en par-
» ties affez petites pour fervir à tous les
» befoins qu'on peut avoir? Ce font ces
» difputes, remarque Mallebranche, qui
» ont fait que la fauffeté & la confufion
» regnent dans la Philofophie ordinaire.
» N'y trouve-t-on pas prefque par-tout
» une infinie diverfité de fentiments fur
» les mêmes fujets, & par conféquent
» une infinité d'erreurs? Cependant un
» très-grand nombre de difciples fe laif-
» fent féduire, & fe foumettent aveuglé-
» ment à l'autorité de ces Philofophes,
» fans comprendre leur fentiment. La
» caufe de cela, dit Lucien, vient de ce
» que le premier qui fe l'eft imaginé, a
» été affez adroit pour le perfuader aux
» autres, & perfonne ne s'eft avifé de
» tourner la tête pour voir s'il étoit dans
» le chemin, mais il a fuivi aveuglémens

» la trace de ceux qui l'ont dévancé. Ou-
» tre que chacun s'ennuie de sa condi-
» tion, & croit toujours trouver la féli-
» cité en ce qui lui manque. Car nous
» sommes si prompts, que sans nous en-
» quérir davantage, si ce qu'on nous dit
» est véritable, nous nous laissons aller
» inconsidérément à la premiere opinion
» qui se présente, & sommes emportés
» après par les conséquences. Au reste (ce
» sont les paroles de la Mothe le Vahyer,)
» comme humainement parlant, tout est
» problématique dans les sçiences, & dans
» la Physique sur-tout, tout doit y être
» exposé aux doutes de la Philosophie
» sceptique, n'y ayant que la véritable scien-
» ce du Ciel, qui nous est venue par ré-
» vélation divine, qui puisse donner à nos
» esprits un solide contentement avec
» une satisfaction entiere. »

DIALOGUE QUATRIEME.

ACCORTINO. Quelles sont, MM.
les choses *incroyables* & révoltantes que
vous trouvez dans nos écritures ?

BOULL. » Elles enseignent des myste-
» res absurdes empruntés des Egyptiens;

» des Indiens, des Grecs. » (a)

Accort. Comment ont-elles emprunté une doctrine absurde, de religions
qu'elles condamnent ?

Touss. On ne doit point s'embarasser
de cela, » mais il faut être prudent pour
» ne croire que les dogmes évidents,
» & ranger ceux qui ne le font pas par-
» mi les probabilités. » (b)

Accort. La révélation n'est donc que
probable, puisque ses dogmes ne fout
pas évidents ?

Boull. » Les éléments d'Euclide font
» intelligibles pour tous ceux qui veu-
» lent les entendre, & n'excitent aucune
» dispute parmi les Géometres. Dans la
» religion Chrétienne tout semble aban-
» donné aux décisions arbitraires des
» Prêtres, qui s'arrogent le droit de
» forger des mysteres, comme la Tri-
» nité, l'Incarnation, sur lesquels J. C.
» ne s'est jamais expliqué. » (c)

Accort. Votre comparaison cloche.
Il n'est pas question de géométrie,
mais de vérités surnaturelles & divines.
Ce ne font point *les Prêtres qui ont forgé*

____

(a) Christ. dév. p. 30.
(b) Les Mœurs, 2, p. 74.
[c] Christ. dév. p. 98.

les myſteres de la Trinité & de l'Incarna-
tion, où en auroient-ils puiſé l'idée ? c'eſt
J. C. qui *s'eſt expliqué* ſur l'un & ſur l'autre, en ſe donnant pour le Fils de
Dieu.

VOLT. Les Prêtres ne ſont ici pour
rien. » Il n'y a que la révélation qui puiſ-
» ſe apprendre clairement aux Saints
» comme on mange le Fils en corps &
» en ame, ſans manger le Pere & le
» Saint Eſprit. » (*d*)

ACCORT. On ne mange que le *corps
du Fils*, parce qu'il n'y a eu que la perſonne du Fils à ſe faire homme.

LUCR. Les myſteres ne ſont point
venus de la révélation. » Ce ſont des
» inventions faites par les Prêtres, pour
» mettre un voile épais ſur leurs propres
» contradictions, & leur propre igno-
» rance ſur la Divinité. D'ailleurs, leur
» intérêt voulut que les hommes n'en-
» tendiſſent rien à la ſcience prétendue
» dont ils ſe ſont fait les dépoſitaires. » (*e*)

ACCORT. Inventer des dogmes *con-
tradictoires* pour voiler ſes propres *contradictions* ; ſe rendre obſcur & abſurde pour

---

[*d*] Mél. Phil. t. 7, p. 19.
[*e*] Syſt. de la Nat. a. p. p. 604.

mieux perſuader, fut-il un projët plus
bizarre ? Le concevoir & l'exécuter avec
le plus grand ſuccès, n'eſt-ce pas-là le
plus incroyable des myſteres ?

VOLT. » Il eſt impoſſible de croire
» les myſteres, parce qu'ils ſont contrai-
» res aux démonſtrations Philoſophi-
» ques. » (f)

ACCORT. Votre aſſertion ne préſente
aucun ſens. Des myſteres ne peuvent
être contraires aux démonſtrations Philoſophiques. Celles-ci n'ont pour objet
que des vérités naturelles; un myſtere
eſt une vérité ſurnaturelle.

Le Marquis D'ARG. » Si Dieu avoit
» jugé à propos d'apprendre aux hom-
» mes les myſteres que les Théologiens
» penſent leur développer, ſans doute
» il les leur eut communiqué. » (g)

ACCORT. Il l'a fait dans la révélation.

J. J. ROUSS. » Le Dieu que j'adore
» n'eſt point un Dieu de ténébres. Me
» dire de ſoumettre ma raiſon, c'eſt
» outrager ſon auteur. » (h)

ACCORT. C'eſt votre raiſon qui eſt
ténébreuſe, & qui *outrage ſon auteur*, en

---

[f] T. 7, p. 291.
[g] Lett. Juiv. t. 5, p. 228.
[h] Emil. t. 3, p. 139.

prétendant qu'il ne peut voir que ce qu'elle voit.

BOULL. La Religion Chrétienne ne proscrit-elle pas la raison ? N'en défend-elle pas l'usage » dans l'examen des dog- » mes merveilleux qu'elle nous pré- » sente. » (*i*)

ACCORT. Elle défend à la raison de vains efforts pour pénétrer ce qui est au-dessus d'elle ; mais elle ne lui défend pas de discuter les motifs qui l'engagent à se soumettre aux *dogmes merveilleux qu'on lui présente.*

BAYLE. » Il y a des axiomes contre » lesquels les paroles les plus expresses » & les plus évidentes de l'Ecriture ne » gagneront rien. » (*k*)

ACCORT. Il n'y a ni ne peut y avoir dans l'*Ecriture* aucune parole qui soit opposée aux axiomes.

BAYLE. » Il est évident que deux » choses qui ne sont point différentes » d'une troisieme, ne différent point » entr'elles. Le mystere de la Trinité nous » assure que cet axiome est faux. » (*l*)

____

(*i*) Christ. dév. p. 52.

[*k*] Œuv. t. 2, p. 367.

[*l*] Dict. à Pyrrhon.

(115)

ACCORT. Le Myſtere de la Trinité
confirme l'axiome, & ne le contredit
pas, puiſqu'il enſeigne une parfaite égalité entre les trois Perſonnes divines qui
ont la même nature.

Le Marquis D'ARG. » C'eſt un crime
» de vouloir pénétrer les myſteres, que
»Dieu punit par l'égarement d'eſprit.» (m)

ACCORT. Plus d'un Philoſophe ſervi-
roit d'exemple.

BAYLE. » Il faut convenir que c'eſt
» un joug bien peſant que de captiver
» ſon entendement à la foi des trois Per-
» ſonnes de la nature divine. On ſoulage
» les Chrétiens quand on les délivre de
» ce joug. » (n)

ACCORT. Vous appellez un *joug* de
captiver ſon entendement à la croyance de
vérités enſeignées par Dieu même ?

DID. » Je ne vois pas pourquoi l'on
» exige de moi de croire qu'il y a trois
» Perſonnes en Dieu, puiſqu'un Philo-
» ſophe a bien de la peine à répondre
» à la queſtion, qu'eſt-ce que Dieu?» (o)

ACCORT. On exige de vous de *croire*
à la parole de Dieu.

____

(m) Lett. Juiv. t. 9, p. 329.
(n) Dial. à Socin.
(o) Penſ. Phil. n. 25.

BAYLE. » Nos vérités Théologiques
» ont pour fondement l'autorité de l'Être
» infini qui ne peut tromper ni être
» trompé. Voilà le motif & la base de
» notre persuasion. Que la Philosophie
» cherche à y mordre tant qu'elle vou-
» dra, elle trouvera que c'est un bou-
» clier d'airain impénétrable. Si ses Ar-
» rêts s'ajustent avec les articles de no-
» tre Foi, tant mieux; c'est une surabon-
» dance de droit, mais de laquelle nous
» nous passerons aisément dès qu'elle nous
» manquera. La Philosophie doit plier
» sous l'autorité de Dieu, & mettre pa-
» villon bas à la vue de l'Écriture. » (p)

VOLT. » Il n'est pas gravé dans ma
» raison que trois sont un, qu'un mor-
» ceau de pâte devient l'Éternel, que
» l'ânesse de Balaam a parlé. » (q)

ACCORT. Si vous n'admettez que ce
qui est *gravé dans votre raison*, admettrez-
vous grand nombre de choses raison-
nables?

BAYLE. » La raison n'est propre qu'à
» brouiller tout. Elle n'a pas plutôt bâti
» un ouvrage, qu'elle nous montre les
» moyens de le ruiner. C'est une véri-

(p) Œuv. t. 3, p. 761, 263.
(q) Caloyer;

» table Pénélope , qui pendant la nuit
» défait la toile qu'elle avoit faite pen-
» dant le jour. La Religion ne ſe trouve
» jamais obligée de reculer devant la
» raiſon. Si elle ſe retire quelquefois
» derriere les retranchements de la foi,
» c'eſt ſous les auſpices de la raiſon. Rien
» donc ne ſeroit plus faux que de ſup-
» poſer qu'en ces rencontres, l'on re-
» nonce à la raiſon. On ne ſe retranche
» dans la foi que par les ordres des
» maximes les plus évidentes de la rai-
» ſon. Ceux qui admettent la Trinité &
» les autres myſteres de l'Évangile, ne
» renoncent point à la raiſon, & au con-
» traire ils ſe fondent ſur les axiomes
» Philoſophiques qui ont le plus haut
» dégré d'évidence. Ils ſe fondent ſur
» ce que Dieu ne peut tromper ni être
» trompé, & que par conféquent il doit
» toujours être cru ſur ſa parole. » (r)
J. J. Rouss. » M'apprendre que ma
» raiſon me trompe, n'eſt-ce pas refuſer
» ce qu'elle m'aura dit pour vous? » (ſ)

ACCORT. Ce n'eſt pas votre raiſon qui
vous trompe, *nec decipit unquàm.* C'eſt
l'abus que vous en faites en raiſonnant mal.

(r) Œuv. t. 3, p. 761, t. 4, p. 44, 47, 48.
(ſ) Emil. t. 3, p. 142.

BAYLE. » Il n'y a pas de foi mieux
» établie fur la raifon, que celle qui eft
» établie fur les ruines de la raifon, il
» n'y a point de vérité plus certaine que
» celle-ci, le témoignage de Dieu eft
» préférable à celui des hommes. Si l'on
» en conclud, il n'y a donc rien de plus
» raifonnable que de croire plutôt ce
» que Dieu dit, que ce que la lumiere
» naturelle dicte, il faut donc abandon-
» ner ce qu'elle dicte qui ne s'accorde
» point avec l'Écriture Sainte. N'établit-
» on pas fon fyftème fur l'une des plus
» évidentes maximes de la raifon ? Un
» Chriftianifme établi en ce fens-là fur
» les ruines de la raifon, eft le vérita-
» ble Chriftianifme, le Chriftianifme le
» plus raifonnable. » (*)

ACCORT. Dieu ne peut rien nous propofer de contraire à ce que *la lumiere
naturelle dicte*, mais fans ruiner notre
raifon, il peut lui révéler des dogmes
auxquels il fera raifonnable d'acquiefcer,
quoiqu'elle ne puiffe y atteindre.

BOULL. » Dieu n'a révélé que des
» myfteres, c'eft-à-dire des chofes inac-
» ceffibles à l'efprit humain, il ne s'eft

____

(*) Réponfe aux queft. d'un Provinc.

» donc révélé que pour être inconnu. » (v)
BAYLE. » L'incompréhenfibilité d'un
» dogme, & l'infolubilité des objections
» qui le combattent, n'eft pas une rai-
» fon de le rejetter. Puifque la raifon
» nous prouve néceffairement l'exiftence
» d'une chofe incompréhenfible, il s'en-
» fuit qu'il y a des chofes très-vraies,
» & très-réelles qui font incompréhen-
» fibles à la raifon, & dès-là tous les
» arguments des Sociniens empruntés du
» lieu commun de l'incompréhenfibilité
» n'ont aucune force. » (u)

ACCORT. Vous fuppofez mal-à-propos
qu'il peut y avoir contre les myfteres
des objections infolubles, parce qu'on
ne peut raifonnablement en faire aucune
contre ce qui ne fe conçoit pas.

J. J. ROUSS. » Pourquoi M. l'Arche-
» vêque de Paris paffe-t-il fur l'article
» des myfteres comme fur des charbons
» ardents, fur lefquels il ofe à peine
» pofer le pied ? » (x)

ACCORT. Parce qu'un homme inftruit
fe borne à expofer ce qu'il lui eft impoffible d'approfondir.

(v) Chrift. dev. p. 56, 64.
(u) Œuv. t. 4, p. 47. t. 1, p. 133.
(x) Lett. à M. l'Archev. de Paris, p. 120.

BAYLE. » Lorſque la ſaine raiſon dit
» une choſe & la révélation une autre,
» nous devons fermer l'oreille à la voix
» de la raiſon. Ainſi la raiſon & la foi
» font tour-à-tour l'office de maîtreſſe
» & de ſervante. Ceux qui veulent ſou-
» mettre au tribunal de notre raiſon les
» vérités révélées, ne voſent point que
» c'eſt frayer le chemin au renverſement
» de tous les myſteres de l'Evangile.» (y)

ACCORT. La foi peut nous révéler
des choſes qui paſſent notre raiſon, mais
elle ne peut rien nous dire qui lui ſoit
contraire.

POPE. » Sujets malheureux d'une puiſ-
» ſance légitime, mais foibles, croyant
» n'obéir qu'à la raiſon, c'eſt à une de
» ſes favorites que nous obéiſſons. » (z)

HUME. » Jamais Prêtre, dans l'inten-
» tion d'apprivoiſer & de ſubjuguer no-
» tre raiſon rebelle, n'inventa de dog-
» me qui choque davantage le ſens com-
» mun, que le fait la doctrine d'une éten-
» due diviſible à l'infini avec toutes ſes
» conſéquences, telles que tous les Géo-
» metres & les Métaphyſiciens les éta-

____

(y) Œuv. t. 3, p. 265, 241.
(z) Eſſai ſur l'homme, ep. 2.

ſent

» lent fi pompeufement & avec úne ef-
» pece de triomphe. » (a)

LOCKE. » Il eft certain que nous ne
» pourrons jamais parvenir fur la Phy-
» fique à une fcience fcientifique, par-
» ce que nous n'avons pas des idées par-
» faites des corps même qui font le
» plus près de nous, & le plus à notre
» difpofition. » (b)

ACCORT. Moins encore fur la foi.

POPE. » Notre ame tranfcendante a-t-
» elle pénétré les fupports & les liaifons
» des différentes parties de l'univers,
» leurs fortes connexions, leurs fubtiles
» dépendances, & leurs juftes gradations?
» Petites parties de ce tout, pouvons-
» nous le comprendre? » (c)

ACCORT. Comment pourrons - nous
comprendre les vérités divines & éternelles?

(a) Effai fur les miracles.
(b) Effai fur l'entend. hum. L. 4, c. 3, p. 708.
(c) Effai fur l'homme ep. 1.

F.

PROPHETIES, MIRACLES.

PROLOGUE.

LEs Fables, difoit Ciceron à fon frere Quintus, au fujet du caillou d'Accius Navius, ne doivent point avoir place dans les queftions Philofophiques. Ce qu'un Philofophe doit faire, c'eft d'examiner, 1°. la nature de la fcience augurale, d'en rechercher enfuite l'origine, & enfin de faire voir avec quelle uniformité elle s'eft toujours foutenue. Les Arufpices ont pour auteur de leur difcipline, un enfant qu'une charrue fit tout-d'un-coup fortir d'un fillon. Mais vous m'objectez que tous les Rois, tous les Peuples, toutes les Nations fe fervent d'Arufpices, comme s'il y avoit quelque chofe de plus commun parmi les hommes, que de ne rien favoir, & comme fi pour juger favamment de quelque chofe, il falloit s'en tenir à l'opinion. »

Les Péripatéticiens, les Épicuriens, les Cyniques déclarent les oracles de Dodone, Claros & de Delphes, faux & nuifibles. Caton s'étonnoit qu'un Arufpice pût en regarder un autre fans rire. Demofthene difoit que la Pithie philip-

pifoit. Strabon, que celui de Delphes
étoit dans une grande indigence, depuis
qu'il ne parloit plus. Plutarque deman-
doit à fon ami Alcombrote pourquoi les
oracles fembloient éteints. Lucain penfoit qu'ils s'étoient tus, quand les Rois,
redoutant l'avenir , ne voulurent plus
qu'on pût le prévenir.

Sed filuit poftquàm Reges timuere futura
Et Superos vetuere loqui.

Julien dit que l'infpiration divine ne
fe communique qu'à un petit nombre
d'hommes & rarement; qu'elle a ceffé
chez les Hébreux , & qu'elle ne continue
plus chez les Égyptiens. Il entreprit de
déboucher la fontaine de Caftalie, qu'A-
drien avoit fait fermer , parce que fes
eaux, lorfqu'on en buvoit donnoient la
connoiffance de l'avenir. Il prétendoit
avec Porphyre que les prophéties des
Juifs avoient été faites après l'événement.
Celui-ci ne favoit pourquoi , depuis que
Jefus avoit commencé d'être adoré, perfonne n'avoit reffenti la protection d'Ef-
culape & des autres Dieux. Phlégon affure que les prédictions faites par Saint
Pierre, furent juftifiées par l'événement.
Typhon dit que J. C. eft tombé dans
exécration dont parle la loi, parce qu'il

a été crucifié. Celse reproche aux Chrétiens de donner pour fils de Dieu, un homme attaché à une croix. Il se plaint de ce qu'ils sont en grand nombre, de ce qu'ils font parade de prodiges qu'il traite de fictions, dont Jesus avoit appris le secret en Égypte ; pendant que Platon, après avoir découvert les plus grandes vérités, n'avoit opéré aucune merveille, & n'avoit point exigé qu'on le crût Dieu. Porphyre attribue à la magie & aux prestiges du Démon, les miracles de Jesus & des Martyrs. Dion, Suidas, Capitolin, Themistius attestent le prodige arrivé sous Marc-Aurele, à la priere des soldats Chrétiens, qui sauva l'armée Romaine ; mais ils l'attribuént, les uns à la magie, les autres à la vertu de l'Empereur. Lucien dit que Peregrin ayant été mis en prison, parce qu'il faisoit profession de christianisme, cette disgrace lui donna la puissance de faire des prodiges.

On lit dans le Thalmud, traité du Sanhedrin, qu'avant de faire mourir Jesus, on fit publier qu'il seroit lapidé, parce qu'il avoit exercé la magie. Dans les deux Histoires que les Juifs ont composées de la vie de Jesus, ils y reconnoissent la réalité des miracles de Jesus ;

que ſes diſciples ſe multiplierent à l'infini immédiatement après ſa mort, non-
ſeulement dans la Judée, mais dans tout
l'Empire, & que ſes diſciples exigeoient
de ceux qui ſe diſoient envoyés de lui,
qu'ils fiſſent des miracles ſemblables à
ceux qu'il avoit opérés lui-même. Pour
les Manichéens, ils ne vouloient rien
croire en matiere de faits, que ce qu'ils
connoiſſoient par eux-mêmes.

Spinoſa, dans ſon traité Théologi-
politique, prétend que les prophéties de
Moyſe, de Jeſus-Chriſt & des anciens
Prophetes, conſiſtoient en ce qu'ils avoient
une imagination plus forte que celle du
commun. Elles étoient diverſes ſelon la
diverſité de l'imagination & du tempé-
rament. Les Prophetes, ſelon lui, ont
prophétiſé par intérêt. Il définit le miracle un événement rare, arrivé par les
loix de la nature qui nous ſont inconnues. Un miracle lui ſemble impoſſible,
parce que les loix de la nature ne ſont
autre choſe que les décrets de Dieu,
& que l'on ne peut changer les décrets
de Dieu qui eſt immuable. Si j'étois per-
ſuadé, dit-il, de la réſurrection de Lazare, je briſerois en pieces mon ſyſtéme, & j'embraſſerois ſans répugnance
la Religion Chrétienne.

DIALOGUE CINQUIEME.

ACCORTINO: Je penſe, MM. que l'on attaque en vain la religion par ſes myſteres, parce qu'ils n'entrent point dans les preuves que ſes apologiſtes employent à l'établir. Leurs moyens ſont, comme vous le ſavez, les prophéties & les miracles.

BOULLANGER. » Nous ſavons que les » prophéties ſont encore un moyen illu- » ſoire que les Chrétiens employent. Il » y a eu des Prophetes chez toutes les » Nations du monde. Les Juifs ne fu- » rent pas plus favoriſés à cet égard que » les Égyptiens, les Caldéens, les Tar- » tares, les Negres, les Sauvages & » les autres peuples de la terre. » (a)

ACCORT. Je connois les Prophetes Juifs, mais je ne connois guere les Prophetes des autres peuples. Comment les mettez-vous tous pêle mêle dans la même claſſe?

BOLINB. » Ne vantez point tant les » prophéties du Chriſtianiſme. Elles ſont » fort obſcures, & de maniere à y trouver » tout ce qu'on veut. »

____

(a) Chriſt. dev. p. 76.

ACCORT. Vous ne parlez pas des prophéties dont nous voyons l'événement, qui font auſſi évidentes que l'hiſtoire même ?

BOLINB. Si peu évidentes, » qu'elles » ne font point vues du même œil par » les Juifs qui attendent encore ce Meſ » ſie, que par les Chrétiens qui le croyent » arrivé. »

ACCORT. Eſt-ce défaut de clarté dans la prédiction, ou de bonne foi dans ceux qui la conteſtent ? Du moins eſt-il certain que Juifs & Chrétiens conviennent que ces prophéties concernent le Meſſie. Il n'eſt plus queſtion que de les appliquer à Jeſus, pour voir ſi elles ont eu leur accompliſſement dans ſa perſonne.

BOLINB. » Qu'eſt-ce que ces Prophe » tes, qui ſe diſpoſoient à prédire l'ave » nir en buvant du vin ? C'étoient des » Jongleurs, des muſiciens. Ils ſe dé » crioient les uns les autres. Chacun » traitoit ſon rival de faux Prophete. » (b)

ACCORT. Ils en ſuppoſoient donc de véritables ? Les Prophetes Juifs, retirés dans une eſpece de Communauté, y menoient une vie pauvre & pénitente.

____

(b) Exam. imp. c. 10, p. 49.

Ils ne paroiſſoient en public que pour
faire retentir les menaces de Dieu aux
oreilles des méchants, & encourager les
gens de bien à demeurer fermes dans
l'alliance. Ainſi vos reproches ne les
regardent pas.

BOULL. Comme les autres. » Il faut
» des prophéties pour en impoſer aux
» foibles. »

ACCORT. Je ne croyois pas qu'il fût
néceſſaire d'en impoſer à perſonne.

FRERET. » Les Chrétiens n'ont-ils
» pas ſuppoſé les prétendus oracles des
» Sybilles ? Les PP. ne les ont-ils pas
» cités avec autant de confiance que
» l'Écriture Sainte ? »

ACCORT. Je crois que les PP. ne les
citoient que comme un argument, fondé
ſur les principes du Paganiſme qui les
admettoit. C'eſt ce que l'on appelle *ar-*
gumentum ad hominem.

FRERET. » Je conviens que pluſieurs
» écrivains des premiers ſiecles n'y ont
» point ajouté foi. »

ACCORT. Ils n'ont eu de foi que dans
celles que renferment les écritures.

BOULL. Elles n'en méritent pas davantage. » L'Indien aſſure que Brama
» lui-même eſt auteur de ſon culte. Le
» Scandinave tenoit le ſien du rédoutable

» Odin. Si le Juif & le Chrétien ont
» reçu le leur de Dieu, par le miniftere
» de Moyfe & de Jefus, le Mahomé-
» tan affure qu'il a reçu le fien par fon
» Prophete infpiré de Dieu. » (c)

ACCORT. Cela prouve que tous les
peuples ont cru l'intervention de la Divinité, néceffaire à l'affermiffement des
loix.

J. J. ROUSS. » Les révélations des
» Prophetes Juifs ne font que dégrader
» Dieu, en lui donnant des paffions
» humaines. » (d)

ACCORT. Puifque les Prophetes an-
nonçoient un Dieu homme, ils pouvoient
lui donner des *paffions humaines.*

BOULL. » C'eft bien le motif pour
» lequel toutes les religions interdifent
» l'ufage de la raifon, pour examiner
» leur titre facré. Toutes ont le carac-
» tere de fauffeté, par les contradictions
» palpables dont elles font remplies. » (e)

ACCORT. Toutes fans exception ?

DALEMB. » A Dieu ne plaife que je
» confonde les révélations dont fe glo-

---

[c] Chrift. dév. p. 62.
(d) Emile, t. 3. p. 133.
(e) Chrift. dev. p. 65.

» rifie à fi jufte titre le Chriftianifme,
» avec celles que vantent avec oftenta-
» tion les autres religions. » (*f*)

VOLT. » Peut-on avoir une idée de
» ce qui n'eft pas ? »

ACCORT. Vous n'avez donc point de
mémoire ? Mais Dieu pour lequel il n'y
a ni paffé ni avenir ?

BOULL. » On voit des prophéties &
» des miracles dans toutes les religions
» du monde. » (*g*)

ACCORT. C'eft que *toutes les religions
du monde* ont cru que l'un & l'autre étoient
le fceau inaliénable de la Divinité.

DID. » Nous avions déjà dit que les
» miracles ne prouvent rien, parce que
» chaque Secte allégue des miracles en
» fa faveur. » (*h*)

ACCORT. Elles ne les allégueroient
pas fi les miracles ne prouvoient rien.

LE MILIC. » En matiere de religion
» & de miracles, tous les témoignages
» font fufpects. » (*i*)

ACCORT. Ils en ont plus de poids,
quand une fois ils ont été admis.

(*f*) Encyc. a. Chriftian.
(*g*) Chrift. dev. p. 65.
(*h*) Penf. Phil. n. 42, 50.
(*i*) Milit. Phil. c. 11, p. 96.

(131)

J. J. ROUSS. » Si les Prêtres de Baal
» avoient eu M. Rouelle au milieu d'eux ;
» leur bûcher eût pris feu de lui-même,
» & Elie eût été pris pour dupe. » (k)

ACCORT. Si les Philosophes faisoient
usage de l'électuaire d'Anacarde, (l) ils
pourroient devenir Prophetes, peut-être
même opérer des miracles. M. Rouelle
auroit-il mis le feu au bûcher des Idolâtres sans préparation & sans instrument?
C'est où gît la question.

J. J. ROUSS. » Jadis les Prophetes
» faisoient descendre le feu du Ciel, au-
» jourd'hui les enfants en font autant
» avec un petit morceau de verre. » (m).

ACCORT. *Faire descendre le feu du Ciel
avec un morceau de verre!* Jean-Jacques,
vous faites l'enfant. Du moins conviendrez-
vous que les Prophetes n'employoient
point un moyen si commun.

LE MILIC. » Un homme sage qui
» verroit un miracle, seroit en droit de
» douter s'il a bien vu ; & il devroit
» examiner si l'effet extraordinaire qu'il

(k) IIIe. Lettre.

(l) Hoffman assure qu'un homme stupide, ayant pris
de cet électuaire, devint tout-à-coup très-sensé & très-
savant. Je conseille à nos Philosophes d'avoir souvent
recours à ce spécifique.

(m) Ibid. p. 91.

F 6

» ne comprend pas, n'eſt pas dû à quel-
» que cauſe naturelle. » (n)

ACCORT. Un homme *ſage* doit ſans
doute examiner un fait avant que de le
croire. Plus le fait eſt important, plus
l'examen doit être ſérieux & réfléchi.

J. J. ROUSS. » C'eſt mal-à-propos
» qu'on employe les miracles pour ſer-
» vir d'appui à la croyance. » (o)

ACCORT. En connoiſſez-vous de plus
proportionné & de plus analogue à notre eſpéce ?

LUCR. » Les Prêtres ont allégué des
» miracles, mais il eſt certain qu'il ne
» peut y avoir dans la nature ni monſtres,
» ni prodiges, ni merveilles, ni mira-
» cles. Ce que nous nommons des pro-
» diges, des effets ſurnaturels, ſont des
» phénomenes de la nature, dont notre
» ignorance ne connoît point les prin-
» cipes ni la façon d'agir. C'eſt faute
» d'en connoître les véritables cauſes,
» que nous les attribuons follement à des
» cauſes fictives. » (p)

ACCORT. La véritable cauſe des effets
ſurnaturels, ou phénomenes étant inconnue, il y a de la folie, dites-vous, à

____

(n) Milit. Phil. c. 12, p. 102.
(o) Lett. p. 84.
(p) Syſt. de la Nat. 2. p. p. 60, 61.

les attribuer à tel principe, n'y en auroit-il point à affirmer qu'ils ne lui appartiennent pas ?

HOBBES. » L'idée que le peuple a des
» miracles, vient de ce que le peuple ne
» connoiſſant point leursvéritables cauſes,
» leur en attribue de ſurnaturelles. »

ACCORT. Eclairez le peuple. Montrez-
lui de quelle maniere un attouchement
extérieur & momentané, peut naturellement diſſiper les obſtructions particulieres
de l'organe de la vue, pour laiſſer un
libre paſſage à la lumiere ; comment une
parole peut naturellement faire renaître
les mouvements vitaux dans un corps où
ils étoient éteints, &c.

J. J. ROUSS. » Par exemple, le mira-
» cle de la multiplication des pains, n'a
» pu ſe faire, que Dieu n'ait tiré du néant
» quinze mille livres de matiere. L'Etoile
» qui conduiſit les Mages devoit être
» auſſi grande que le Soleil ; or, l'un &
» l'autre répugne abſolument. » (9)

ACCORT. Il répugne que ce'ui qui mul-
tiplie un grain de froment au centuple,
ait pu nourrir avec cinq pains des milliers d'hommes ? Il répugne que celui qui
d'une parole a tiré du néant l'armée bril-

---

(1) 2e. Lett. ſur les mirac. p. 3.

lante du firmament, ait créé un aſtre
extraordinaire. Vous plaiſantez, mon ami
Jean Jacques, ou vous rêvez.

J. J. ROUSS. » N'eſt-il pas ridicule
» de voir J. C. chaſſer les démons d'un
» corps pour les envoyer dans un trou-
» peau de pourceaux ? » (*r*)

ACCORT. Devoit-il les envoyer dans
une caravane de Philoſophes ?

BOULL. » Ne peut-on pas d'ailleurs
» oppoſer aux miracles de Moyſe, ainſi
» qu'à ceux de Jeſus, ceux que Maho-
» met opéra aux yeux de tous les peu-
» ples de la Mecque & de l'Arabie aſ-
» ſemblée. » (*s*)

Le MILIC. » L'effet des miracles de
» Mahomet fut au moins de convaincre
» les Arabes, que c'étoit un homme di-
» vin. » (*t*)

ACCORT. Les merveilles de Mahomet,
ſi tant eſt qu'il en ait opéré, auroient
donc eu un effet plus heureux que les
miracles de J. C. ?

VOLT. » Mahomet ne s'eſt point don-
» né pour un Thaumaturge : crois, diſoit-
» il, que j'ai parlé à l'Ange Gabriel, ou
» je te tue ; c'eſt là tous ſes miracles. » (*v*)

____

(*r*) 3e. Lett. p. 98.
(*s*) Chriſt. dev. p. 67.
(*t*) Milit. phil. c. 11. p. 99.
(*v*) Suite des mel. de Littér. c. 70. t. 3. p. 232.

(135)

DID. » Le moyen d'éviter la séduc-
» tion eſt de n'en croire aucun. »

ACCORT. C'eſt - à - dire que dans la
crainte de croire ce qui n'eſt pas, on
ne doit pas même croire ce qui eſt.

DID. » Ma foi n'eſt point à la merci
» du premier Sattinbanque. Pontife de
» Mahomet, redreſſe les boiteux, fais par-
» ler des muets, rends la vue aux aveu-
» gles, guéris des paralytiques, & à
» ton grand étonnement ma foi ne ſera
» point ébranlée. » (u)

ACC. Vous avez une foi bien vive.

DID. » Tous ces miracles ne con-
» cluent pas davantage que celui d'Ac-
» cius-Navius, qui coupa un caillou avec
» un raſoir. Cependant l'antiquité pro-
» fane & ſacrée nous atteſtent la vérité
» de ce fait, dans les écrits de Lactance
» & de Saint Auguſtin. Il faudroit, dit
» Quintus à Cicéron, ſon frere, ſe pré-
» cipiter dans un monſtrueux pyrrhoniſ-
» me, & brûler les annales, ou conve-
» nir de ce fait. » (x)

ACCORT. Il s'agit de miracles, M. Diderot, & non de jeux de main, ou de
tours d'adreſſe ſinguliers, ſi vous voulez,

(u) Penſ. phil. n. 50.
(x) Ibid. n. 47.

mais qui ne font que cela, & qui vrais
ou faux ne peuvent jamais rien conclure.
Vous nous faites part de l'argument de
Quintus à Cicéron, pourquoi nous diffi-
muler la réponse de Cicéron à Quintus ?

BOULL. Les miracles du christianisme
ne concluent pas davantage que celui
d'Accius. » Les Juifs en effet étoient des
» monftres de frénéfie & de férocité,
» un peuple aveugle & farouche, d'une
» fuperftition féroce & ridicule, d'un fa-
» natifme opiniâtre, d'une efpérance in-
» fenfée, comment fut-il poffible qu'un
» peuple entier, témoin des miracles du
» Meffie, confentît à fa mort, la de-
» mandât avec empreffement. » (*y*)

ACCORT. Parce qu'il étoit un monftre
de *frénéfie & de férocité*, un peuple *aveugle & farouche*.

BOULL. » Le peuple de Paris & de
» Londres fouffriroit-il qu'on mît à mort
» fous fes yeux, un homme qui auroit
» reffufcité des morts, rendu la vue aux
» aveugles, redreffé les boiteux, guéri
» les paralytiques ? » (*z*)

ACCORT. Oui, s'il étoit auffi *fanatique*
& auffi *infenfé* que l'étoient les Juifs. A

____

(*y*) Chriſt. dev. p. 18. 21. 22. 23.
(*z*) Ibid. p. 67.

(137)

quoi vous amufez-vous de difputer contre
des faits ?

VOLT. » Pourquoi Dieu auroit-il fait
» des miracles pour être condamné à la
» potence chez les Juifs ? » (a)

ACCORT. Le but des miracles du Sau-
veur a été de prouver fa miffion, & le
but de fa miffion étoit le bonheur du
genre humain.

DID. » Il y a un grand danger à aban-
» donner les efprits aux féductions d'un
» impofteur, ou aux rêveries d'un vi-
» fionnaire. Si le fang de J. C. a crié
» vengeance contre les Juifs, c'eft qu'en
» le répandant, ils fermoient l'oreille à
» la voix de Moyfe, & des Prophetes
» qui le déclaroient le Meffie. Ce n'eft
» donc pas par les miracles qu'il faut ju-
» ger d'un homme, mais c'eft par la con-
» formité de fa doctrine avec celle du
» peuple auquel il fe dit envoyé, fur-
» tout lorfque celle de ce peuple eft
» démontrée vraie. » (b)

ACCORT. Eft-ce que la vérité de la
doctrine ne fert pas à démontrer celle
des miracles, comme l'éclat des miracles
fert à confirmer la vérité de la doctrine ?

____

(a) Mel. phil. t. 7.
(b) Penf. phil. n. 42.

LUCR. « On sent que ce qu'on nom-
» me miracles, c'est-à-dire, des effets
» contraires aux loix immuables de la
» nature, sont impossibles, & que rien
» ne pourroit suspendre un instant la mar-
» che nécessaire des êtres, sans que la
» nature entiere ne fut arrêtée & troublée
» dans sa tendance. » (c)

ACCORT. Il faudroit l'éprouver ; car
tout le monde ne *sent* pas que Dieu n'ait
pu donner la vue à un aveugle né, ni
rendre la vie au Lazare, sans mettre le
soleil à la place de la lune, sans interrompre la marche de la nature.

J. J. ROUSS. « Quelque attestés que
» soient au gré même de Cicéron, des
» prodiges rapportés par Tite-Live, je
» les regarde comme des fables. » (d)

ACCORT. Cicéron en pensoit de même.
Les prodiges rapportés par Tite-Live
n'étoient point à *son gré*.

DID. « Quand tout Paris m'assureroit
» qu'un mort vient de ressusciter à Passy,
» je n'en croirois rien. » (e)

ACCORT. Vous avez une foi inébran-
lable ; mais si vous ne croyez que ce que

(c) Syst. de la Nat. p. 141.
(d) Lett. p. 101.
(e) Pens. phil. n. 58.

vous avez vu , vous êtes le plus ignorant
des hommes.

BOULL. » Un homme sage qui verroit
» un miracle, seroit en droit de douter
» s'il a bien vu. Il devroit examiner si
» l'effet extraordinaire qu'il ne comprend
» pas, n'est pas dû à quelque cause na-
» turelle dont il ignoreroit la maniere
» d'agir. »

ACCOR. On vous a déjà dit que l'on ne
devoit admettre aucun miracle sans examen, & que ceux de J. C. étoient de
nature à avoir été sévérement examinés.

BOULL. » La vérité & l'évidence n'ont
» pas besoin de miracles pour se faire
» adopter. N'est-il pas surprenant que
» la Divinité trouve plus facile de dé-
» ranger l'ordre de la nature, que d'en-
» seigner aux hommes des vérités claires,
» propres à les convaincre, capables d'ar-
» racher leur assentiment. » (ſ)

ACCORT. L'homme est fait pour être
conduit par les sens & par la réflexion ;
or, une révélation intérieure qui lui don-
neroit la plus forte persuasion des vérités
surnaturelles, ne seroit plus dans l'ana-
logie de son être.

VOLT. » Un miracle est une chose

(ſ) Christ. dev. p. 69. 73.

» impoſſible. Dieu ne ſeroit point im-
» muable , il changeroit l'ordre de la
» nature. » (*g*)

J. J. ROUSS. » Cette propoſition ſe-
» roit impie ſi elle n'étoit abſurde. Quel
» homme à jamais nié que Dieu put faire
» des miracles ? Cette queſtion, Dieu
» peut-il déroger aux loix qu'il a établies?
» Ce ſeroit trop faire d'honneur à celui
» qui la réſoudroit négativement , que
» de le punir , il ſuffiroit de le renfer-
» mer. » (*h*)

VOLT. Il vous ſied bien de me con-
tredire; » vous qui avez décrié les mira-
» cles de Jeſus comme l'Abbé de Pra-
» des, pour relever le crédit de la Re-
» ligion? (*i*) Un miracle eſt la violation
» des loix mathématiques , divines , im-
» muables , éternelles. Par ce ſeul expoſé
» un miracle eſt une contradiction dans
» les termes. » (*k*)

ACCORT. » Quand J. C. commanda
au paralytique de ſe lever & d'emporter
ſon grabat, le tout ceſſa donc d'être plus
grand que ſa partie ?

(*g*) Dict. phil. a. miracles, phil. de l'hiſt. c. 33. Collius.
(*h*) Lett. de la Mont. p. 87.
(*i*) Lett. à J. J. d. p.
(*k*) Dict. phil.

VOLT. » Il est impossible que l'être
» infiniment sage, ait fait des loix pour
» les violer. Toutes les créatures obéis-
» sent irrévocablement à la force que
» Dieu a imprimée pour jamais dans la
» nature. Nous ne croyons pas devoir
» admettre de miracle pour constant, s'il
» n'est fait en présence de l'Académie des
» Sciences, & de la Faculté de Mé-
» decine. » (*l*)

ACCORT. Ajoutez, & de l'Académie
Française. Mais à quoi bon exiger l'ap-
probation des Médecins & des Acadé-
miciens, pour des faits qui sont *mathé-
matiquement impossibles ?*

Mde. MEN. Cette condition admise,
nous ne serons plus embarrassés des miracles du Christianisme.

ACCORT. Cela est bien imaginé, car il
n'y avoit alors ni Faculté, ni Académie.

J. J. ROUSS. » J'ai fait voir que les
» miracles sont le moyen le plus propre
» & le plus frappant dont Dieu puisse
» se servir pour autoriser les dogmes
» qu'il releve, & pour engager les hom-
» mes à les croire. » (*m*)

(*l*) Remarq. sur l'hist. gén. p. 25 Elém. de la physi.
de Newton. 1. p. c. 4. & 32 Mel. d'hist. t. 2. p. 406.
(*m*) Lett. de la Mont. 3e. Lettr. p. 75.

VOLT. » Ne me citez point vos Let-
» tres de la Montagne, elles font plei-
» nes de fiel ; elles ont été déclarées fo-
» lemnellement par les médiateurs de
» France, de Zurich, & de Berne, un
» libelle calomnieux. » (n)

J. J. ROUSS. » L'émanation de la puif-
» fance divine qui peut interrompre &
» changer le cours de la nature, eft le
» plus brillant des caracteres des envoyés
» de Dieu, le plus frappant, le plus
» propre à fauter aux yeux, celui qui fe
» marquant par un effet fubit & fenfible,
» femble exiger le moins de difcuffion
» & d'examen ; par-là ce caractere eft auffi
» celui qui faifit fpécialement le peuple
» incapable de raifonnements fuivis, d'ob-
» fervations lentes, fûres, & en toutes
» chofes efclave des fens. » (o)

ACCORT. *Les miracles peuvent donc fervir à l'appui de la croyance?*

BOULL. Quand cela feroit : » je puis
» foupçonner que ces miracles ont été
» inférés dans les livres facrés des Hé-
» breux long-temps après la mort de ceux
» qui auroient pu les démentir. »

ACCORT. Si vous aviez lu ces *Livres*

(n). Lett. à M. Hume.
(o) 10. Lett. p. 75.

Sacrés, vous y auriez vu que l'on inter-
pelle le témoignage de ceux en préfence
de qui ces prodiges ont été opérés.

BOULL. » Il n'y a qu'une populace
» ignorante qui puiffe attefter les mira-
» cles de J. C. » (*p*)

ACCORT. Les grands & les fages qui
en avoient la certitude, ne pouvoient-
ils pas les attefter ? Comment une *populace ignorante* a-t-elle pu les faire croire
aux Rois & aux Sçavants ?

Le MILIC. » Un fait furnaturel de-
» mande pour être cru, des témoigna-
» ges plus forts qu'un fait qui n'a rien
» contre la vraifemblance. » (*q*)

ACCORT. On a cru, on croit les miracles du Chriftianifme, ils ont donc en
leur faveur les *témoignages* que vous fou-
haitez.

DID. » Dans notre differtation fur la
» certitude des faits, nous faifons voir
» que les mêmes preuves qui fuffifent pour
» conftater les faits qui font dans l'ordre
» des poffibilités morales, fuffifent pour
» établir la croyance d'un miracle. » (*r*)

BOULL. » On peut répondre que les

____

(*p*) Chrift. dev. p. 66.
(*q*) Mil. phil. c. 22. p. 96.
(*r*) Encyclop.

(144)

» témoins avoient fans doute le plus
» grand intérêt à foutenir des faits mer-
» veilleux qui prouvoient la Divinité de
» leur Maître. » (*s*)

ACCORT. Autant qu'on en peut avoir
à fe faire écorcher vif.

BOULL. » Pour éviter la furprife, il
» leur fuffifoit de faire attention que le
» feul prodige que Jefus devoit faire, il
» n'en fut pas capable, c'étoit de con-
» vaincre les Juifs, qui loin d'être tou-
» chés de fes œuvres merveilleufes, le
» firent mourir par un fupplice infâ-
» me. » (*t*)

ACCORT. Il n'eft pas trop certain que
Jefus dût faire ce miracle ; car Daniel
avoit prédit qu'il ne le feroit pas. (*v*)

BOULL. » Une apparition folemnelle
» faite dans une place publique, n'eût-
» elle pas été plus décifive que toutes
» ces apparitions clandeftines faites à des
» hommes intéreffés à former une nou-
» velle fecte. » (*u*)

ACCORT. *Elle n'auroit pas été plus décifive* pour nos philofophes qui ne veu-

---

(*s*) Chrift. dev. p. 70.
(*t*) Ibid. p. 25.
(*v*) *Et non erit ejus populus qui eum negaturus eft.* Dan. 9. 26.
(*u*) Ibid. p. 69.

lent

lent en croire que leur propre témoignage. Mais est-ce bien à des hommes
aussi profondément ignorants que nous le
sommes, à prononcer sur les voies de la
sagesse même ? La question n'est pas de
sçavoir ce que Dieu auroit pu faire, mais
de sçavoir ce qu'il a fait. Il vouloit parler à l'homme intelligent, il ne vouloit
pas le forcer à croire.

BOULL. » Quel degré de foi pouvons-
» nous ajouter au témoignage des Apô-
» tres qui de leur propre aveu furent
» des hommes grossiers & dépourvus de
» science, par conséquent susceptibles de
» se laisser éblouir par les artifices d'un
» imposteur adroit. Le témoignage des
» personnes les plus instruites de Jéru-
» salem, n'eût-il pas été d'un plus grand
» poids pour nous, que celui de quelques
» ignorants qui font ordinairement les
» dupes de qui veut les tromper ? » (*x*)

ACCORT. Expliquez nous comment ces
hommes *dupes* ont trompé l'univers ? Il
falloit que l'ignorance & l'imbécillité fussent la maladie épidémique du siecle d'Au-
guste.

LE MILIC. On ignoroit alors » qu'il
» n'y a d'incontestables que les vérités

____

(*) Ibid,

» métaphysiques & physiques ; que tous
» les faits sont incertains , parce que nos
» sens peuvent nous tromper , & que tous
» les hommes peuvent mentir. » (y)

ACCORT. En partant de ce principe,
il n'y a plus rien de certain dans l'histoire, dans la physique même, ni dans
l'histoire naturelle.

DID. Le principe est vrai, » les vé-
» rités physiques dépendent du rapport
» de nos sens, elles ne sont donc pas
» incontestables, car qui nous a dit que
» nos sens ne sont pas de faux té-
» moins ? » (z)

ACCORT. Les vérités métaphysiques
étant également contestées par les philosophes , il s'ensuit qu'il n'y a plus rien
de certain , & que leur philosophie prétendue se réduit à un insensé pyrrho-
nisme.

(y) Milit. phil. c. 12.
(z) Lett. sur les Aveug. p. 209.

PROLOGUE.

Progrès, Sagesse, Divinité du Chris-
tianisme, fermeté des Chrétiens.

SOCRATE, Aristote, Zénon, n'ont pu
faire adopter à leur patrie, les regles
de morale qu'ils enseignoient. Potin ne
put obtenir de l'Empereur Gallien, dont
il étoit cependant le favori, la permission de rebâtir une petite Ville de Cam-
panie pour y faire pratiquer les maximes
de Platon. N'espérez pas, disoit Socrate,
de réformer jamais les mœurs des hommes, à moins qu'il ne plaise à Dieu de
vous envoyer quelqu'un pour vous instruire de sa part. Le Christianisme, au
contraire, fit dès sa naissance les plus
grands progrès. » Rome est assiégée,
disoit Cœcilius, les Chrétiens sont les
maîtres de la campagne, des châteaux,
& des isles. Lorsqu'on voit embrasser le
Christianisme à tant de personnes de tout
sexe, de tout âge, de toute condition,
& même aujourd'hui à des personnes du
premier rang, on les pleure comme per-
dues pour l'état; le faux Prophete Alexandre se plaignoit que le Pont se remplis-

soit de Chrétiens. Dioclétien & Maximien voyant que la Religion du Christ se répandoit comme un torrent, & que tous leurs sujets s'en déclaroient les disciples, ordonnerent que tous ceux qui avoient quitté le culte des Dieux, seroient contraints par les supplices à reprendre leur Religion. Ils priverent les Chrétiens de toutes sortes de droits & de facultés. Ce fut en vain. Ils méprisent, disoit Cæcilius, les tourments & la mort. Pline traitoit leur constance d'opiniâtreté invincible. Epictete l'admiroit. Il se plaignoit de ce que la philosophie n'avoit encore donné à personne cette fermeté d'ame que l'on voyoit dans les Galiléens qui ne craignoient point la mort.

» Je suis fatigué, écrivoit Tiberien à
» l'Empereur Trajan, de punir & de faire
» mettre à mort les Galiléens, nommés
» Chrétiens, conformément à vos ordres.
» Ils ne cessent de se présenter à la mort.
» Quoique j'aie fait tous mes efforts pour
» qu'ils n'osassent plus faire profession du
» Christianisme. Daignez donc me faire
» sçavoir ce qu'il paroîtra bon que je
» fasse à votre puissance triomphale. »
Julien, qui ne voyoit rien de mémorable dans les œuvres de Jesus, que d'avoir guéri des boiteux & des aveugles, mar-

ché fur la mer , & chaffé les démons dans les bourgs de Betfaïde & de Béthanie , fçachant , dit Libanius dans l'oraifon funebre de ce Prince , que le Chriftianifme prenoit des accroiffements par le carnage que l'on faifoit de ceux qui le profeffoient , ne voulut pas employer de fupplices contre les Chrétiens. Leur légiflateur leur a mis dans l'efprit , difoit Lucien , qu'ils font tous freres ; ainfi ils méprifent les biens de la terre , & les mettent en commun. S'il fe trouve quelque homme rufé qui entre dans la fociété , il devient bientôt opulent. Volufien trouvoit les maximes de J. C. contraires au bien de la fociété , à caufe de leur trop grande perfection.

DIALOGUE SIXIEME.

ACCORTINO. Comment J. C. eft-il adoré par toute la terre , s'il eft vrai que les prophéties & les miracles ne foient qu'un tiffu d'impoftures ?

LUCR. » Le délire de l'imagination , » qui va toujours croiffant , fit que l'on » crut que l'agent fouverain qui préfide » à la nature , ne pouvoit être appaifé

» que par le sacrifice d'un Dieu. » (*a*)

ACCORD. Quel *délire* que celui d'une *imagination* qui pénétreroit dans un abyme que l'œil de l'Archange ne pourroit percer ?

BOULL. » L'erreur vint des Disciples, » qui imposteurs ou séduits , rendirent » un témoignage éclatant de la puissance » du Christ. » (*b*)

ACCORD. Sa mort devoit les détromper. On ne se fait point supplicier pour rendre témoignage à des faits dont on n'a pas la certitude.

BOULL. » Ils avoient l'ambition de » gouverner les ames. » (*c*)

ACCORD. Les mal-adroits ! Que ne flattoient-ils le peuple en applaudissant à la mort du Christ dont ils avoient l'impudence de faire un crime à la nation ? Que n'acceptoient-ils l'honneur qu'on leur déféra de les reconnoître pour le Messie, & de les adorer comme des Divinités ? Ainsi fit Barchochebas , & il eut bon nombre de Disciples.

BOULL. » Sans Paul, le Christianisme » n'auroit pu s'étendre par le défaut de

______

(*a*) Syst. de la Nat. 2. p. p. 24.
(*b*) Christ. dev. p. 25.
(*c*) Ibid. p. 30.

» lumiere de ses ignorants collegues. Cet
» Apôtre porta sa doctrine assaisonnée
» de sublime & de merveilleux aux peu-
» ples de la Grece, de l'Asie, & même
» aux habitants de Rome. Il eut des sec-
» tateurs, parce que tout homme qui parle
» à l'imagination des hommes grossiers,
» les mettra dans son intérêt. » (*d*)

ACCORT. Comment s'en fera-t-il entendre s'il est *sublime* ? Comment chan-
gera-t-il leurs mœurs s'il ne débite que
du *merveilleux* sans en faire ? Si l'éloquence de Paul fut la cause des progrès
du Christianisme dans l'Asie, qui pro-
cura ceux que fit la Religion dans les
Gaules, les Indes, & l'Afrique, où cet
Apôtre ne parût point ?

BOULL. » Ce fut des mœurs austeres,
» le mépris des richesses, les soins dé-
» sintéressés en apparence des premiers
» Prédicateurs de l'Evangile, dont l'am-
» bition se bornoit à gouverner les ames ;
» l'égalité que la Religion mettoit entre
» les hommes, la communauté des biens,
» les secours mutuels que se prétoient les
» membres de cette secte, qui exciterent
» les desirs des pauvres, & multiplierent
» les Chrétiens ; l'union, la concorde,

____

(*d*) Ibid. p. 28.

» l'affection réciproque continuellement
» recommandées aux premiers Chrétiens,
» durent séduire des ames honnêtes. » (e)

ACCORT. *L'union, la concorde, l'affection réciproque*, ne font point des motifs propres à en impofer à des hommes
abjects. Le *mépris des richeffes*, la *communauté des biens*, les *fecours mutuels*,
ne font point à alléguer en preuve que
l'Evangile n'a été reçu que par des pauvres. Cette communion de biens propofée par Platon, qui n'avoit été regardée
jufqu'alors que comme une belle-chimere,
eft réalifée dans le Chriftianifme. Platon
étoit cependant finguliérement eftimé de
fes contemporains. Les Apôtres & leurs
Difciples étoient méprifés, perfécutés &
haïs de leur nation.

BOULL. » Pourquoi précherent-ils des
» Myfteres abfurdes, un Dieu farouche,
» infenfé, qui fe venge avec rage & fans
» mefure pendant l'éternité ? (f)

ACCORT. L'acquiefcement au Chriftianifme, eft donc un prodige ? Des *myfteres abfurdes*, une doctrine révoltante ne
doivent point *exciter les defirs, multiplier
les Chrétiens, & féduire les ames honnêtes.*

(e) Ibid. p. 29.
(f) Ibid. p. 30.

(153)

DID. » Les beaux exemples converti-
» rent les nations fans changer leurs
» mœurs. » (*g*)

ACCORT. *Convertir fans changer*, n'eft
pas le dernier des prodiges.

BOULL. » Ce qui contribua le plus à
» cette converfion, ce furent les fup-
» plices des Chrétiens qui intérefferent
» en leur faveur. La perfécution ne fit
» qu'augmenter le nombre de leurs amis.
» Enfin, leur conftance dans les tour-
» ments, parut furnaturelle & divine à
» ceux qui en furent les témoins... La
» tyrannie ne fervit qu'à procurer de
» nouveaux défenfeurs à la fecte qu'on
» vouloit étouffer. » (*h*)

VOLT. Au lieu de répéter ce mot de
l'Africain, que *le fang des Martyrs fut
une femence de nouveaux Chrétiens*, vous
auriez mieux fait d'apprendre dans la philofophie de l'hiftoire (*i*), dans mon Dic-
tionnaire philofophique (*l*), dans mon
Effai fur l'hiftoire générale (*m*), dans
mes Mélanges de littérature, d'hiftoire,

[*g*] Code de la Nat. p. 89. 91.
[*h*] Chrift. dév. p. 31.
[*i*] C. 50. p. 250.
[*l*] Art. Chriftian.
[*m*] T. 1. c. 7.

& de philosophie (*n*) , dans le dîner du Comte de Boulainvilliers (*o*) , dans mon Traité sur la Tolérance (*p*) , & autres grandes autorités , que les Chrétiens n'ont été suppliciés que pour des raisons *d'état* & de *sédition.*

BOULL. Mais Pline, Tibérien, Tacite, & Suetone , Historiens du temps ?

VOLT. Vous devriez sçavoir, puisque vous vous mêlez d'écrire, que nous leur avons donné le démenti. (*q*)

BOULL. J'ai aussi insinué » que les Mar- » tyrs furent plutôt les victimes d'un zele » inconsidéré, d'une humeur turbulente, » d'un esprit séditieux, que d'un esprit » religieux. »

ACCORT. Ils mouroient pour la dé- fense d'une Religion qui ordonne d'être soumis aux puissances ?

BOULL. » L'Eglise elle-même n'ose » point justifier ceux que leur fougue » impudente a quelquefois poussés jus- » qu'à troubler l'ordre public, à briser les » idoles , à renverser les temples du Pa- » ganisme. » (*r*)

_____

[*n*] C. 62.
[*o*] p. 35.
[*p*] C. 8. p. 56.
[*q*] Traité sur la Toler. p. 60.
[*r*] Christ. dev. p. 89.

ACCORT. Si l'Eglise ne *justifie* pas ceux dont le zele a été indiscret, elle ne les honore donc pas comme Martyrs? Ceux qu'elle révere comme tels n'ont donc point été entachés d'un esprit de *révolte*? Ainsi sa conduite n'est point une raison pour vous d'abandonner l'histoire.

DID. » Les bons esprits s'occupent plus » à chercher la vérité dans l'histoire que » ce qu'elle dit. » (*f*)

ACCORT. Quoi? pour acquérir la connoissance des faits, nous devons nous attacher au contraire de ce qui nous a été transmis par les historiens? Voilà une nouvelle méthode d'étudier l'histoire.

VOLT. On m'en est redevable, & pour servir d'exemple j'ai fait voir » que Julien » ne persécutoit point les Chrétiens. » (*t*)

ACCORT. Cela est bien débuté.

BAYLE. De maniere à ne persuader personne. » Julien fut le plus dangereux » persécuteur que la Religion Chrétienne » eût encore éprouvé. Il faisoit aux Chré- » tiens des avanies continuelles. » (*u*)

ACCORT. Vous êtes un bon homme qui ne vous en tenez qu'à la lettre de l'histoire.

[*f*] Encyc. a. Cyniq. p. 597.
[*t*] T. 7. p. 61. 64.
[*u*] Œuv. t. 1. p. 612. t. 5. p. 79.

VOLT. En dira-t-il autant de Marc-Aurele, qui fut si éloigné de persécuter personne ? » Ce Philosophe Roi, ren-» dit graces au Ciel, de ce que par une » heureuse conjonḉure, il vint à propos » un orage dans le temps que ses trou-» pes mouroient de soif, mais il ne crut » pas en avoir obligation aux Chrétiens » dont on lui parloit, quoiqu'ils fussent » de fort bons soldats. » (*u*)

ACCORT. Vous avez *cherché la vérité dans l'histoire*, parce qu'elle dit que Marc-Aurele attribua si bien aux prieres des Chrétiens la pluie miraculeuse qui sauva son armée, qu'il ordonna en reconnoissance le châtiment de leurs délateurs ; & elle ajoute qu'il les persécuta néanmoins, puisque ce fut par son ordre, & à raison du Christianisme que Justin fut mis à mort.

Rien n'est beau que le vrai, le vrai seul est
    aimable,
Il doit régner par tout, & même dans la Fable,
De toute fiction l'adroite fausseté,
Ne tend qu'à faire aux yeux briller la vérité.

VOLT. » L'histoire ne doit pas être

» une fatyre contre les corps & les par-
» ticuliers. » (*)

ACCORT. Non, mais elle ne doit pas
épargner l'un pour calomnier l'autre.

VOLT. » Je conviens qu'il faut de la
» vérité dans les plus petites chofes ; c'eft
» pourquoi je ne crains pas de dire que
» les Chrétiens font des fanatiques, per-
» fécuteurs, fripons, dupes, impofteurs.
» Ils en ont menti avec leurs impofteurs.
» Ils en ont menti, & ridiculement menti,
» avec leurs miracles. » (y)

ACCORT. Qui refufera de croire un
homme qui fait profeffion de *dire la vérité dans les plus petites chofes*, mais avec
tant de grace, de décence, & d'énergie.
C'eft bien dommage que cet homme fi
véridique, boive fi fouvent dans le fleuve
de l'oubli.

VOLT. Que voulez-vous dire ?

ACCORT. Ce que vous venez de m'apprendre que *l'hiftoire ne doit pas être
une fatyre*.

J. J. ROUSS. Quels que foient les
» Chrétiens, fe peut-il que celui dont
» l'Evangile fait l'hiftoire, foit un homme

---

[*] Ibid. p. 406.

[y] Queft. de Zapata, L'Evang. du jour, Epît.
aux Rom. &c.

» lui-même ? Quelle douceur ! quelle pu-
» reté dans les mœurs ! quelle grace tou-
» chante dans les inſtructions ! quelle élé-
» vation dans ſes maximes ! quelle pro-
» fondeur de ſageſſe dans ſes diſcours !
» quelle préſence d'eſprit, quelle fineſſe,
» & quelle juſteſſe dans ſes réponſes !
» quel empire ſur ſes paſſions ! Ariſtide
» étoit juſte, avant que Socrate eût dit
» ce que c'étoit que juſtice. Léonidas
» étoit mort pour ſon pays, avant que
» Socrate eût fait un devoir d'aimer la
» patrie ; avant qu'il eût défini la vertu,
» la Grece abondoit en hommes vertueux.
» Mais où Jeſus avoit-il pris chez les
» ſiens cette morale élevée & pure, dont
» lui ſeul, a donné les leçons & l'exem-
» ple ? Du ſein du plus furieux fanatiſme,
» la plus haute ſageſſe ſe fit entendre.
» La ſimplicité des plus héroïques ver-
» tus, honora le plus vil de tous les
» peuples. » (ʒ)

VOLT. » Jeſus diſoit qu'il étoit doux
» & humble de cœur. Jean Jacques qui
» prétend être ſon écolier, mais un éco-
» lier mutin, qui chicane ſouvent avec
» ſon maitre, n'eſt ni doux ni humble

[ʒ] Emil. t. 3. p. 163.

» de cœur. Mais ce ne font pas là mes
» affaires. » (a)

Lucr. Jean Jacques n'y penfe pas.
» Le fils de Dieu, s'il eft vrai qu'il foit
» mort de fon plein gré, fut évidemment
» un fuicide. » (b)

J. J. Rouss. Mon ami » Si la vie
» & la mort de Socrate font d'un fage,
» la vie & la mort de Jefus font d'un
» Dieu. » (c)

Accort. En reconnoiffant Jefus pour
un Dieu, vous êtes obligé de vous déclarer pour fon Difciple.

J. J. Rouss. » L'intolérance me ré-
» volte. C'eft ce dogme horrible qui arme
» les hommes les uns contre les autres,
» & les rend tous ennemis du genre
» humain. » (d)

Dalemb. » L'intolérance du Chriftia-
» nifme fe borne à ne pas admettre dans
» fa Communion ceux qui voudroient
» lui affocier d'autres religions, & non à
» les perfécuter. Le fanatifme eft le vice
» des particuliers, & non du Chriftia-
» nifme, qui par fa nature eft également

____

[a] Lett. à J. J. d. p.
[b] Sift. de la Nat. 1. p. p. 3.
[c] Emil. t. 3. p. 263.
[d] Ibid. p. 172.

» éloigné des fureurs outrées du fanatif-
» me, & des craintes imbécilles de la
» fuperftition. » (*)

MONTESQ. Nous en faifons l'heureufe
expérience. » Pendant que les Princes
» Mahométans donnent fans ceffe la mort
» & la reçoivent ; la Religion chez les
» Chrétiens rend les Princes moins ti-
» mides, & par conféquent moins cruels.
» Le Prince compte fur fes fujets, & les
» fujets fur le Prince. Chofe admirable !
» La Religion Chrétienne qui femble
» n'avoir d'objet que la félicité de l'autre
» vie, fait encore notre bonheur en
» celle-ci. C'eft elle qui malgré la gran-
» deur de l'Empire & le vice du climat,
» a empêché le defpotifme de s'établir
» en Ethiopie, & a porté au milieu de
» l'Afrique, les mœurs de l'Europe &
» fes Loix. Qu'on fe mette fous les yeux
» d'un côté les maffacres continuels des
» Rois & des chefs Grecs & Romains,
» & de l'autre la deftruction des peuples
» & des villes par ces mêmes chefs
» Timar & Gengiskan, qui ont dévafté
» l'Afie, & nous verrons que nous de-
» vons au Chriftianifme, & dans le Gou-
» vernement, un certain droit politique,

____

[*] Encyc. a. Chriftian. p. 384.

» & dans la guerre un certain droit des
» gens que la nature humaine ne sçauroit
» aſſez reconnoître. » (ſ)

J. J. ROUSS. » Une ſociété de ces
» Philoſophes parfaits qui pratiqueroient
» les plus hautes vertus, ne ſeroit plus
» une ſociété d'hommes. » (g)

ACCORT. Cette propoſition n'eſt pas
philoſophique. Si la ſource la plus pure
de la grandeur d'ame, eſt dans le ſenti-
ment vif & profond de la nobleſſe de ſon
être, quelle ne ſera pas la grandeur d'ame
& l'élévation des penſées d'un être dont
les vues ne ſont point renfermées dans
les limites du temps ?

Le Marq. D'ARG. » La foi des Naza-
» réens démontrée telle que la prêchent
» leurs Docteurs de la premiere claſſe,
» a encore plus de brillant que la nôtre...
» Dans les autres Religions l'homme vil
» eſclave ſemble ne ſervir Dieu que par
» intérêt, les Nazaréens ſont les ſeuls
» qui aient le cœur d'un fils pour un ſi
» bon pere. Ils le ſervent pour lui, &
» non dans la vue des récompenſes. » (h).

BAYLE. » De véritables Chrétiens ne

[ſ] Eſp. des Loix l. 24. c. 2.
[g] prem. Lett. p. 25.
[h] Lett. Juiv. t. 1. p. 306.

» formeront jamais un état qui puiſſe ſub-
» ſiſter. »

MONTESQ. Pourquoi non ? Ce ſeroit
» des citoyens infiniment éclairés ſur
» leurs devoirs , & qui auroient un très-
» grand zele pour les remplir. Ils ſenti-
» roient très-bien les droits de la défenſe
» naturelle. Plus ils croiroient devoir à
» la Religion, plus ils penſeroient devoir
» à la patrie. Les principes du Chriſtia-
» niſme bien gravés dans le cœur , ſe-
» roient infiniment plus forts que ce faux
» honneur des Monarchies , ces ver-
» tus humaines des Républiques , &
» cette crainte ſervile des Etats deſpo-
» tiques. » (i)

DID. » En effet , conſultons la con-
» duite des premiers Chrétiens. Ils étoient
» éloignés de toute violence. Ils ôtoient
» au Maître toute la rigueur de l'autorité,
» adouciſſoient l'eſclavage , en rendoient
» la ſoumiſſion volontaire. Leurs précep-
» tes ne permettant qu'un uſage paſſager
» des biens de la vie , recommandoient
» aux riches de ſe détacher de leurs poſ-
» ſeſſions , & de les répandre dans le
» ſein des pauvres. La douceur , la mo-
» dération , une humble modeſtie , la

____

[i] Eſp. des Loix.

» patience, ne leur étoient pas moins
» fortement enjointes envers tous les
» hommes. Dans les premiers temps,
» les sectateurs de cette belle morale,
» l'obfervoient avec une exactitude ad-
» mirable. Le Christianifme, à ne le con-
» fidérer que comme une inftitution hu-
» maine, étoit la plus parfaite. Les per-
» sécutions foutinrent l'héroïfme de ceux
» qui l'embrafferent. Leur conftance, la
» pureté de leurs mœurs, leur firent plus
» de profélytes, perfuaderent mieux que
» leurs dogmes mystérieux. » (k)

ACCORT. Ce ne font pas les *dogmes*
qui perfuadent l'Evangile, ce font les
œuvres de la puiffance divine, & la fain-
teté de la morale Evangélique qui perfuadent les *dogmes*.

MONTESQ. » J'ai toujours refpecté la
» Religion. La morale de l'Evangile eft
» une excellente chofe & le plus beau
» préfent que Dieu pût faire aux hom-
» mes. » (l)

J. J. ROUSS. » Les objections infolu-
» bles font communes à tous, parce que
» l'efprit de l'homme eft trop borné pour
» les réfoudre. Elles ne prouvent donc

---

[k] Le Code de la Nat. p. 89.
[l] Dernieres paroles de Montesquieu.

» contre aucun par préférence ; mais
» quelle différence entre les preuves di-
» rectes ? Celui qui seul explique tout, ne
» doit-il pas être préféré, quand il n'a pas
» plus de difficultés que les autres ?.» (m)

ACCORT. Ah ! le bon Jean-Jacques,
qui comme Mérope, tue son fils en pen-
sant tuer son ennemi.

DIALOGUE SEPTIEME.

ACCORTINO. Ptolomée Roi d'Egypte,
ayant fait paroître sur le Théâtre d'A-
lexandrie, un chameau tout noir, & un
homme moitié noir & moitié blanc ; ce
bizarre spectacle au lieu d'être admiré,
fit rire les uns, & épouvanta les autres ;
parce que les Egyptiens ne faisoient pas
tant de cas de la rareté, que de la beauté
& de la proportion. Telle sera la des-
tinée des propos philosophistes. L'œil &
l'oreille ne se familiariseront jamais avec
une discordance si marquée. Le Français
revenu de sa surprise en rira, parce qu'il
rit de tout. D'autres s'indigneront contre
cette espece de charlatans, qui n'ont tra-
vaillé que pour les surprendre. Tes Phi-

---

[m] Emil. t. 3. p. 30 31.

lofophes ont beau fe traveftir, en fe cou-
vrant d'un ftyle fleuri, élégant, harmo-
nieux, & tranchant, ils laiffent toujours
appercevoir un coin de leur oreille. (a)

PAZZ. Ce font leurs forties faites fi à
propos contre les Miniftres & la Religion, qui te donnent de l'hûmeur.

ACCORT. As-tu pu digérer ce que ces
Maniaques ont vomi d'injures contre les
uns, & de blafphémes contre l'autre ?

PAZZ. A merveille.

ACCORT. Certes ils furpaffent Chrif-
tien de Brunfwich, qui fe faifoit appeller
l'ami de Dieu, & l'ennemi des Prêtres.

PAZZ. Perfonne ne les égale.

ACC. Pas méme en fcience théologique?

PAZZ. En aucune fcience.

ACCORTINO.

Croyez-moi, mes amis, & changez de maxime,
 Soyez enfin de l'avis de quelqu'un,
Car avec cet orgueil & ce tic importun,
De contrarier tout fans raifon & fans rime,
De trancher du Cenfeur & du Juge fublime,
De jouer l'efprit fort, & de livrer combat
 A ce que tout le monde eftime.
Tel qui fe croit donner pour un homme délicat,
 Ne fe donne que pour un fat.

____

(a) *Difficile eft fatyram non fcribere, nam quis iniqua
Tam patiens urbis, tam ferreus ut teneat fe? Juv. Sat.* 1.

PAZZ. Tu ne nous feras jamais paſſer pour tels. Peux-tu nous conteſter le talent de parler & d'écrire ſupérieurement ?

ACCORT. Avantage bien frivole que celui qui eſt borné à la chûte harmonieuſe d'une phraſe, ou à l'appareil impoſant de quelque ſentence.

PAZZ. Leurs phraſes ne te ſont pas agréables, parce qu'elles portent contre les Prêtres & les Moines.

ACCORT. Elles me ſont inſipides parce qu'elles renverſent tout, & qu'elles n'établiſſent rien. Tes philoſophes par leurs ennuyeuſes redites, reſſemblent à ce Lacédémonien qui pourſuivoit une ombre pour la faire mourir une ſeconde fois.

PAZZ. Leurs ſentences tu ne les goûtes pas, parce qu'elles ſont vraies.

ACCORT. Parce qu'elles ſont vuides, fauſſes, entortillées. Tes écrivains ſemblables à Eole, ne raſſemblent que des nuages ſur des objets qui auroient beſoin de lumieres, & de toute la préciſion du raiſonnement.

PAZZ. L'excluſion qu'ils donnent aux Prêtres, a-t-elle beſoin de Commentaire pour être entendue ?

ACCORT. Non plus que les atroces calomnies dont ils les chargent.

PAZZ. La préférence qu'ils donnent aux

Philosophes , eſt-elle plus équivoque ?

ACCORT. Rien de plus clair.

PAZZ. Que trouves-tu donc de répréhenſible ?

ACCORT. De perpétuelles déclamations & aucun raiſonnement , des invectives dégoûtantes , & pas un quart de preuve.

PAZZ. Nous invoquons l'hiſtoire univerſelle , qui dépoſe en faveur du mérite , & de la modération philoſophique.

ACCORT. L'hiſtoire m'apprend en effet que l'on procéda contre Protagore , que la tête de Diagore fut miſe à prix , que Stilpon fut banni , qu'Anaxagore penſa périr , qu'Alcibiade fut en danger , & que la philoſophe Aſpaſie ne dut ſon ſalut qu'aux larmes & à l'éloquence de Périclès. L'hiſtoire m'apprend que les Philoſophes furent chaſſés par Veſpaſien dans les Etats duquel ils oſoient donner des leçons publiques d'indépendance.

PAZZ. Iamais Philoſophe n'a troublé la paix de la ſociété.

ACCORT. Les Huguenots en France , les Luthériens en Allemagne , les Puritains en Ecoſſe , les Calviniſtes en Flandre , firent couler des fleuves de ſang.

PAZZ. Ces guerres furent l'ouvrage de la Religion , & non de la philoſophie qui n'eſt pas ſanguinaire.

ACCORT. Comment oſes-tu imputer à la Religion des excès ſi contraires à ſon eſprit, & qui ne ſont arrivés que par la malice de ceux qui l'abjuroient ? Je ne connois que deux précepteurs du genre humain, la Religion & la Philoſophie telle que tu la profeſſes. Or à qui appartiennent les écrits qui érigent en principes, le penchant à la révolte ? Quelles ſont les langues qui articulent des maximes ſéditieuſes ? Quelles bouches ſoufflent le feu de la guerre civile ? Dans quel arſenal le fanatique va-t-il aiguiſer le poignard qu'il deſtine à abattre l'autorité légitime ?

PAZZ. Les Proteſtans n'ont jamais paſſé pour des Philoſophes. Leur croyance eſt bien différente de nos ſyſtémes.

ACCORT. Les erreurs ſont différentes, & elles ont le même but. Les Philoſophes comme les Proteſtans, n'ont point de ſyſtéme qui les réuniſſe. Ils ne s'accordent que pour attaquer le Pontife & le Monarque qui les condamnent. *Ils ont la paix avec tout le monde*, diſoit Tertullien, de ceux de ſon temps ; car *quoiqu'ils ſoient de ſentimens différens, l'unique choſe qui leur importe, eſt de conſpirer tous enſemble à la deſtruction de la vérité.* (b)

____
: (b) *De præſc. c. 4 &c.*

PAZZ.

Pazz. Cite moi un Philofophe que l'on ait pris les armes à la main ?

Accort. Je t'en citerois cent pour un. Zoroaftre aux prifes avec le Roi de Touran ; Tollund , Becker , convaincus du crime de félonie , Boulainvilliers de celui de rébellion aux loix de la patrie ; les guerres fanglantes des Ombes & des Tentyrites ; les Anabaptiftes mettant tout à feu & à fang , après s'être brûlés la cervelle dans l'ouvrage d'un Philofophe fur *l'inégalité des conditions*. Tels font les citoyens pacifiques qui demandent modeftement l'encenfoir & le fceptre.

Pazz. Qui parleroit des entreprifes ambitieufes des Prêtres, de leur fourberie, de leur cruauté , de leur defpotifme ?

Acc. Arnaud de Breffe en a affez parlé. Des efprits foibles ou méchants l'en ont cru, & ont répété fes invectives groffieres. (c)

Pazz. On n'eft ni foible ni méchant à croire ce que l'on voit.

Acc. Quand je t'accorderois que tous les Pontifes font des Alexandre VI, les Prélats des Photius , les Moines des Lu-

---

(c) *Quifquis eft qui calumniis factum fidem habet,*
Aut moribus improbis præditus eft
Aut ingenium prorfus habet puerile. Menander.

H

ther, qu'en pourrois-tu conclure au désavantage de la Religion ? Ne condamnet-elle pas toute espece de prévarication ? Un seul crime rend indigne du nom de Chrétien. *Jam non Christianus.* Tert.

PAZZ. Ne te plains donc pas de ceux qui censurent tes Imans.

ACC. J'aurois tort de m'en plaindre : il est des blâmes qui valent des éloges. (d) Mais, dis-moi, de quel avantage peuvent être au Philosophe, ses odieuses satyres ? Est-il un crime qui ne soit excusé, justifié, autorisé par les principes de sa morale ? Il n'en est donc aucun qu'il puisse reprendre.

PAZZ. Ils peuvent les tolérer dans les autres, & les blâmer dans le Clergé.

ACC. Preuve de leur impartialité. Avec moins de fiel, & plus de candeur, ils conviendroient que les Prêtres, parce qu'ils sont hommes, partagent les défauts communs à l'humanité, & que malgré ce triste apanage, il n'y a jamais eu plus de décence & de lumieres, qu'il s'en trouve aujourd'hui dans les Ministres qu'ils insultent. Ils sentiroient qu'il est d'une ame vile d'avoir les yeux fermés sur ses

____

(d) *Malis displicere laudari est. Nullam auctoritatem habet Ubi qui damnatus est, damnat.* Senec.

propres défauts , & fur ceux d'autrui de les avoir plus perçants que l'aigle & le dragon d'Epidaure. (*) Si l'on examinoit la conduite des Philofophes avec la même rigueur ?

PAZ. Rétorquer ne feroit pas répondre.

ACC. Filiftus , bel efprit de fon temps , railloit Virgile en préfence d'Augufte. *Vous êtes muet , lui dit-il un jour , & quand vous auriez une langue, vous ne vous défendriez pas mieux. Si vous connoiffiez l'avantage du filence , repartit Augufte, vous le garderiez toujours.* La plûpart de ceux que les Philofophes attaquent, font affez fages pour ne faire ni réponfe, ni retorfion ; & leurs adverfaires ne font pas affez judicieux pour s'appercevoir qu'ils fortent de la thefe, & qu'ils battent l'air en vain. La foi n'eft point attachée aux œuvres de ceux qui la prêchent , comme l'obligation de la loi ne dépend point de la conduite de ceux qui la promulguent.

PAZZ. Qu'a-t-on befoin de loix & de Religion ? La nature fuffit pour ramener

______

(*) *Cum tua pervideas oculis mala lippus inunctis,*
Cur in amicorum vitiis tam cernis acutum
Quam aut aquila aut ferpens Epidaurius? At tibi contra,
Evenit, inquirant vitia ut tua rurfus & illi. Hor.

l'homme au devoir, & le conduire au bonheur.

Acc. Témoins les Caffres, les Hotentots , les Antropophages, & la Philosophie à la mode. Est-ce d'eux & d'elle que nous tenons ce qui nous reste de mœurs & de sagesse ?

Pazz. Ta Religion n'inspire que la cruauté. On voit le Chrétien prendre le couteau sur l'Autel, pour faire des victimes de ceux qui refuseront de penser comme lui.

Acc. Ces expressions outrées , sous lesquelles on affecte de représenter tout ce que la barbarie a d'horreurs , ne tendent qu'à obtenir la permission générale d'attaquer Dieu & la religion. On craint d'être inquiété. On crie d'avance à la persécution de quelque part qu'elle puisse venir.

Pazz. Le Souverain a-t-il le droit de forcer les consciences ?

Acc. Non, mais il a celui d'empêcher qu'on ne les trouble. La conversion des incrédules peut être l'objet de ses desirs, mais il sçait que pour être véritable, elle doit être libre. S'il agit contre eux, c'est qu'en nuisant à eux-mêmes, ils pourroient nuire aux autres. L'impiété si elle n'est réprimée, devient réprimante. Les Philofophes ne fe déchaînent contre le fanatifme religieux, que pour faire naître un fanatifme plus dangereux encore, celui de l'irréligion.

PAZZ. A quoi peuvent fervir les chimeres du Chriftianifme ?

ACC. A former un bon Prince, un Miniftre fidele, un Magiftrat integre, un Guerrier vaillant, un Négociant de bonne foi, un pere tendre, des époux chaftes, des enfants dociles, des fujets foumis, des citoyens patriotes, une fociété parfaite.

PAZZ. Les Moraliftes fuffifent.

ACC. Que les Philofophes obfervent la morale de l'Evangile, & bientôt ils croîront fes myfteres.

PAZZ. Tes Myfteres font des abfurdités qui contredifent les axiomes les plus évidents.

ACC. Cite m'en un feul exemple.

PAZZ. Le Myftere de la Trinité n'eft-il pas contraire à cet axiome : deux chofes égales à un tiers, font égales entre elles ; puifque les perfonnes divines, felon vous, égales en nature, different cependant entre-elles.

ACC. Eft-ce en nature qu'elles different ? Le myftere impliqueroit contradiction s'il énonçoit trois perfonnes égales,

& différentes en nature, puiſqu'une choſe ne peut être, & n'être pas en même temps. Mais ce n'eſt point là notre Myſtere, qui enſeigne une identité de nature, & une diſtinction de perſonnes, dans le même ſens à - peu - près que ſont diſtinguées les trois facultés de notre ame, qui néanmoins appartiennent à la même ſubſtance.

PAZZ. Que dis-tu d'un morceau de pâte qui devient l'Eternel.

ACC. Que ſi Voltaire, dont tu deviens l'écho, n'avoit point oublié ſon catéchiſme, il ſçauroit que la ſubſtance du pain eſt changée dans la ſubſtance du corps de J. C.

PAZZ. Il faut aimer le vuide pour ſe remplir l'eſprit de dogmes que l'on n'entend pas.

ACC. Entends-tu mieux la formation éternelle du monde, la ſpiritualité de la matiere, ou le matérialiſme de la penſée ; le mouvement & la gravitation intrinſeques de la matiere ; la matiere ſoumiſe à des loix invariables qui donnent la liberté, l'organiſation fortuite des corps, &c. qui ſont les dogmes favoris de tes maîtres ?

PAZZ. Nous donnons du moins raiſon de nos ſyſtêmes ; mais toutes vos réponſes se réduisent à invoquer l'impénétrabilité des voies de Dieu.

Acc. Je crois plus à propos de ne point donner de raisons, que d'en alléguer de mauvaises.

Tout est Mystere en vous-même, à vous-même,
Et nous voulons encor qu'à d'indignes sujets,
Le Souverain du monde explique ses projets ?

Pazz. L'obscurité d'une Religion, est-elle un caractere de vérité ?

Acc. Non, mais elle ne l'exclut pas ; mais nous devons respecter les ténebres qui couvrent la sublimité de ses dogmes, lorsqu'elle nous les persuade par des moyens simples, proportionnés à notre foible raison, & dignes de la Majesté du Dieu qui se communique à nous.

Pazz. Les Mysteres constituent l'essence de la Religion ; elle doit donc être aussi intelligible qu'eux.

Acc. Elle l'est relativement aux Mysteres ; elle ne l'est point dans ses motifs de crédibilité.

Pazz. Il n'y auroit plus de disputes parmi les mortels, si les dogmes de la Religion étoient aussi clairs que les éléments d'Euclide.

Acc. Il n'y auroit plus aussi d'exercice à leur intelligence, plus de matiere à

H 4

celui de la foi. Quelque certaine que soit la science des Mathématiques, elle n'a encore pu réunir tous les esprits. Clairault critique la méthode d'Euclide, Bernoulli celle de Clairault, &c., & ainsi les mortels disputeront toujours.

Pazz. La dispute des Mathématiciens n'est que sur les mots. Le résultat de leurs différentes méthodes est toujours le même.

Acc. Je conviens que la diversité est dans les méthodes, & non dans les opinions; mais si le résultat est le même, pourquoi disputer? Avouons de bonne foi l'insuffisance de l'esprit humain; convenons qu'il n'est pas fait pour tout comprendre, & qu'il ne doit point s'engager à rendre raison de tout.

Pazz. Sommes-nous obligés de croire ce que nous sommes dans l'impossibilité de concevoir.

Acc. Tu renfermes notre croyance dans un cercle bien étroit, en la bornant à ce que nous pouvons comprendre. Si les objets de la nature que tu vois, que tu palpes, te présentent une foule de difficultés insurmontables, comment oses-tu exiger que la Divinité se rétrécisse, & se réduise à la mesure de notre foible intelligence?

Pazz. Elle le doit, si elle prétend nous persuader.

Acc. Elle doit fans doute mettre à notre portée, les raifons qui nous déterminent à croire les vérités fublimes qu'elle nous a révélées, mais doit-elle nous rendre intelligibles ces vérités qui par leur nature font incompréhenfibles?

Pazz. Nous ne voyons rien de bien perfuafif dans les arguments qui vous foumettent à la foi du Chriftianifme.

Acc. C'eft que, dit Bacon, vous n'êtes que des demi-Philofophes. Il eft advenu, difoit Montagne, aux gens véritablement favants, ce qui advient aux épis de bled. Ils vont s'élevant & hauffant la tête droite, tant qu'ils font vuides; mais quand ils font pleins & groffis de grain en leur maturité, ils commencent à s'humilier & à baiffer les cornes. Les Philofophes feront plus favorables à la Religion quand ils la connoîtront mieux.

Pazz. Sera-ce tes prophéties qui les attacheront à la Religion? Tous les peuples & toutes les Religions ne vantent-ils pas leurs Prophetes & leurs prophéties?

Acc. La Religion Chrétienne en retire cet avantage, que la fauffe imitation de fes merveilles, annonce la vérité des fiennes.

Pazz. Vous traitez de fauffeté tout ce qui s'oppofe à votre Religion.

Acc. Parce que notre Religion étant la seule véritable, tout ce qui la contredit est nécessairement faux.

Pazz. Ces vers acrostiches des Sybilles, cette nouvelle Ville de Jérusalem bâtie en l'air, dont les murailles avoient cinq cents lieues de tour & de hauteur, qui se promenoit sur l'horison pendant la nuit, & qui disparoissoit au point du jour ; quels motifs de crédibilité !

Acc. » Les Chrétiens disoit Celse, n'ont aucun égard aux oracles rendus par la Pythie, par Jupiter Ammon, & par six cents Prophetes ; & ils regardent comme admirable & immuable ce qui a été dit dans la Judée, & ce qui se dit encore à présent dans la Phénicie & dans la Palestine. » Il ne releve pas une seule de ces inepties dont tu nous accuses. Quel triomphe pour ce grand adversaire du Christianisme, si les Chrétiens n'avoient eu d'autres Prophetes que les Sybilles, ni d'autre objet à leurs Prophéties que des Villes suspendues dans les airs ?

Pazz. Les miracles sont-ils plus sérieux ? Crois-tu à celui de l'Anesse de Balaam ?

Acc. Après avoir entendu Mde. Menoqui parler le jargon philosophique,

as-tu droit de révoquer en doute le miracle de l'Anesse ? (f)

Pazz. Tous les miracles que l'on al-
legue, me semblent naturels, quoique la
cause nous en soit inconnue.

Acc. Il me semble que les Philosophes
de nos jours, ont tant d'esprit, qu'ils
n'ont plus le sens commun. Les miracles
sont des faits. Ou il faut attaquer ces
faits, ou les expliquer selon les loix ordinaires. Sans pénétrer dans tous les secrets de la nature, nous en savons assez
pour être persuadés que ces faits ne
tiennent point à son cours réglé & uni-
forme, qu'ils sont une exception à ses
loix, & qu'ils n'ont d'autre cause que
l'action immédiate de son auteur.

Pazz. Le miracle ôte à Dieu son immutabilité, & renverse toutes les loix
mathématiques.

Acc. Dieu perdroit son immutabilité
s'il disposoit à son gré des êtres qui sont

(f) Théano n'a point été blâmée d'avoir cultivé la
philosophie. Plusieurs femmes ont mérité des places dis-
tinguées dans la république des Lettres. Elles ont reçu
le tribut de louanges que l'on rend avec justice à qui-
conque cherche la vérité pour s'y attacher, & non pour
la combattre. Une femme qui affiche l'incrédulité, affiche
le ridicule.

fous fa dépendance, s'il devenoit fupé-
rieur aux loix qu'il a établies ? Deux
chofes égales à un tiers, cefferent d'être
égales entre elles, quand J. C. reffufcita
le fils de la veuve de Naïm ?

PAZZ. Les miracles étant communs à
toutes les Religions, ils ne peuvent fervir à en prouver aucune.

ACC. Toutes les Religions fe glori-
fient du don des miracles, mais il n'en
eft aucune qui prétende avec la nôtre
avoir été fondée, prouvée, établie par
des miracles.

PAZZ. Les plus concluants de tes miracles font la réfurrection de quelques
morts. Ne reffufcite-t-on pas tous les
jours des noyés & des pendus ?

ACC. Reffufciter des hommes pleins
de vie! La plaifanterie ne fied pas dans
une matiere auffi grave.

PAZZ. Comment eft-il poffible de reffufciter un mort ?

ACC. Comment n'étant point, peut-
on commencer d'être ? On ne raifonne
point contre les faits.

PAZZ. Tes miracles n'ont d'autres ga-
rants que les Ecritures; or, qu'eft-ce que
ces Livres fi refpectés ? Un ramas d'abfurdités.

ACC. Qu'eft-ce que ces traits vagues

d'impiété que vous décochez contre le plus vénérable des monuments, à n'envisager même que son antiquité ?

PAZZ. Je ne puis respecter un Livre dans lequel Moyse ordonne tant de sanglantes exécutions.

ACC. Ton reproche est de nulle valeur, si tu ne prouves que Moyse ne les a commandées que pour le plaisir féroce de voir couler le sang humain. Antonins le meilleur des Rois, & le plus doux des hommes, ne fit-il pas transporter un Sénateur dans une île déserte, où il le condamna à mourir de faim & de misere ? Cet acte de sévérité a-t-il jamais été regardé comme cruel, quoique le genre de mort qu'il renferme, le soit beaucoup plus que les exécutions commandées par Moyse ?

PAZZ. Comment peux-tu te déclarer le défenseur d'un ouvrage marqué du sceau de l'imposture ? Est-il en effet d'indice plus certain d'une fabrication frauduleuse que les contradictions dont il fourmille ?

ACC. Des contradictions ? Je te défie de m'en citer une seule.

PAZZ. Je vas sur l'heure remplir ton défi.

ACC. Mon défi n'est pas de nature à

être rempli dans l'heure. Il n'eſt point de Livre dans le monde qui ait été lu , copié , commenté en autant de lieux , & par autant de lecteurs, de copiſtes, & de commentateurs que celui-là. Il doit y avoir par conſéquent un grand nombre de variantes. Mais ces variantes ne ſont point des contradictions ; elles ne tombent point ſur l'enſemble de la doctrine & des faits qui ont conſervé leur intégrité primitive. Toutes les verſions & tous les textes contiennent les mêmes loix , les mêmes prédictions , & les mêmes prodiges. Il n'y a pas même de variante que l'on ne puiſſe concilier d'une maniere plauſible. Que ſignifient donc ces apoſtrophes bruyantes , ces injures pompeuſes , ces groſſiéretés énergiques , ces blaſphêmes inouis qui ſont le *dolce piecante* de nos Philoſophes ? A quel uſage fera-t-on ſervir ces livres ſi volumineux , dont la nomenclature ne conſiſte que dans des accuſations fauſſes qui nuiſent moins au mérite de nos livres ſacrés , qu'ils ne décelent la malice ou l'impéritie des accuſateurs ?

PAZZ. Nos Philoſophes ont démontré l'impoſture & l'abſurdité des Ecritures & de la Religion. Ce que l'on ajouteroit ſeroit ſuperflu.

Acc. Tes Philosophes n'ont pas seulement entamé la matiere. Plus aveugles qu'Ajax, qui dans une mélancolie égorgea un troupeau, croyant tuer Agamemnon, & amena des bœufs dans sa tente comme des prisonniers de guerre, parmi lesquels il comptoit trouver Ulysse ; ils ont troublé la paix du Christianisme ; ils se sont escrimés contre des fantômes ; ils ont publié la gloire de leurs armes sans avoir combattu ; ils ne sont point encore entrés dans la question qu'ils jugent terminée. Avec de l'adresse à pénétrer dans les maisons ou bientôt ils commandent en maîtres ; avec de la hardiesse à se produire dans les cercles ; avec un ton tranchant, & un air d'importunité qui subjugue le jugement du public, ils prévalent d'autant plus sûrement qu'ils ont plus d'impudence.

Hi enim arte se insinuant hominibus, domos penetrant,

Ingrediuntur prætoria, aures judicum & publica inquietant,

Et ideò magis prævalent quò sunt impudentes.

Nos Mysteres, ils les dédaignent, parce qu'ils déconcertent & humilient leur foible intelligence qui ne se connoît pas elle-même.

Spernit superbus quæ nequit assequi.

Ils détruisent les fondements de la vérité, bouleversent les idées, renversent les notions.

Candida de nigris & de candentibus atra.

Ils canonisent les Apostats, déifient les Idolâtres, encensent le vice pour déprimer la sagesse & la vertu.

Dat veniam corvis, vexat censura columbas.

C'est un peuple vraiment comique qui par ses inconséquences & ses absurdités donne au public de ridicules farces.

Natio comœda est.

Il s'embarrasse dans les liens qu'il a tissus ; il se précipite dans les pieges qu'il tend.

Sibi vincula nectit.

Il ne fait que répéter les songes des anciens qui s'étoient évanouis au réveil, & ne pense pas que les siens pour lesquels il a mandié un applaudissement momentané, iront les rejoindre dans l'abyme d'un éternel oubli.

Multa renascentur quæ jam cecidere, cadentque Quæ nunc sunt in honore.

Il ose porter ses regards audacieux, &
ses censures extravagantes sur la Religion
même, qui est le grand mobile de l'univers, & la félicité de chaque individu.

Omnia Religione moventur.

Il fait beaucoup de bruit. On croit entendre les mugissements du Mont Gargan,
ou de la mer Toscane, tant sont effroyables les clameurs qui se sont élevées à la
nouvelle de cette entreprise téméraire.
A peine en a-t-on vu les prémices que
l'on s'est récrié, & que l'on a frappé des
mains... Hé quoi, a-t-on dit quelque chose ?
Pas un mot.

Garganum mugire putes nemus aut mare tuscum
Tanto cùm strepitu ludi spectentur.........

. . . .

Cùm stetit in scena, concurrit dextera lævæ
Dixit adhuc aliquid ? Nihil sanè.

Non, pas un mot. Des assertions sans
preuves, des sophismes sans raisonnements, des raisonnements sans principes,
des injures sans raisons, des conclusions
sans these.

Sunt verba & voces prætereàque nihil.

Hommes forcenés ! l'opprobre de notre

fiecle & de la nation, que la terre ouvre
fes abymes, & l'Océan fes gouffres, pour
y enfévelir à jamais vos noms & vos
ouvrages.

Di te fubmoveant noftri infamia faecli
Orbe fuo, tellufque tibi pontufque negetur.

Fin de la troifieme Partie.

DIALOGUES
ENTRE
LES PHILOSOPHES
MODERNES.

QUATRIEME PARTIE.

DU GOUVERNEMENT,

PROLOGUE.

LYCURGUE & Minos ordonnoient spé-
cialement une soumission parfaite aux
sanctions du Gouvernement. Les Lacé-
démoniens en étoient si exacts observa-
teurs, que le Poëte Simonide appelloit
Sparte la dompteuse d'hommes. Une loi
de l'Etat, disoit à Thémistocle, Artaban
Lieutenant de Xerxès, est d'adorer en
la personne du Roi, l'image de Dieu
qui conserve toutes choses. Apollonius

de Thyane n'en avoit pas une si haute idée. Celui qui vous commande, disoit-il aux Parthes, sera trop heureux s'il mérite que je l'estime. Machiavel vouloit que les peuples *tolérassent & comportassent les Princes quels qu'ils soient. Aussi à la vérité, qui fait autrement, le plus souvent ruine les Loix & la Patrie.* L'amour de celle-ci a toujours été la vertu des grands hommes. Quoi de plus insensé, disoit Cicéron à Marc-Antoine, que de faire un crime à un citoyen d'avoir pris les armes pour la défense de la République, tandis que vous les avez prises pour la détruire ?

DIALOGUE PREMIER.

ACCORTINO. Messieurs, apres avoir eu le courage *de fixer le premier pôle de la vie humaine,* voulez-vous bien fixer le second, & m'instruire de votre façon de penser sur le Gouvernement en général ?

Mde. MEN. » C'est sur-tout en effet » la cure des Princes que la Philoso- » phie doit se proposer. » [a]

[a] Essais sur les Préj. p. 169.

Dɪᴅ. Avec d'autant plus de raiſon
» que les Philoſophes ſont les vrais ci-
» toyens qui travaillent pour l'intérêt du
» Prince & la tranquillité des Sujets. » (b)

Acc. Comme *pacificateurs* des Etats,
ils ne peuvent ſe propoſer un autre but.
Mais les Princes ont-ils beſoin de vos
avis ? Vos leçons ne ſeroient-elles pas
mieux dirigées vers les peuples dont il
eſt important d'entretenir la ſoumiſſion
pour le bien de la concorde & de la
paix ?

Le Gᴀᴇɴ. Cette ſoumiſſion répugne,
» l'égalité eſt l'état de nature. » (c)

Le Mɪʟ. » Tous les hommes en effet
» ſont nés libres. Il n'y a de ſubordina-
» tion naturelle, que celle des enfants
» aux peres. » (d)

Accoʀᴛ. N'y a-t-il po·nt auſſi une
ſubordination légitime qui eſt celle des
ſujets aux Princes ?

Le Mɪʟ. » Si les hommes étoient auſſi
» ſages qu'ils pourroient & qu'ils de-
» vroient l'être, il n'y auroit pas d'autre
» domination. » (e)

(b) Encyc. art. fanatiſme p. 401.
(c) Alamb. mor. p. 230.
(d) Mél. phil. p. 51.
(e) Ibid.

ACCORT. Avec un *ſi*, l'on voit bien du pays.

Le GREN. » Il faut de toute néceſſité » que l'un ait une forte de ſupériorité » ſur l'autre. » (*f*)

ACCORT. Vous renoncez donc à *l'égalité de l'état de nature*?

Le GREN. Nullement. » La ſupério- » rité n'appartient qu'au mérite, à la » vertu, & à la capacité. Celuî auquel » on la confie ne doit jamais perdre de » vue qu'il la tient de la libre volonté » de ſes freres. Puiſque tous les hom- » mes naiſſent ſemblables, il n'eſt par » conſéquent que *primus inter pares.* » (*g*)

ACCORT. Ne confondez-vous point le mot *ſemblable* avec celui d'égal ? La primauté entre égaux ne donne à celui qui la poſſede aucune ſupériorité ſur ceux-là. S'il n'eſt que leur *égal*, il n'eſt pas leur ſupérieur ; s'il eſt leur ſupérieur, il a quelque choſe de plus que la préſéance.

Mde. MEN. » L'inégalité morale ou » civile des hommes eſt naturelle & né- » ceſſaire, parce qu'elle eſt fondée ſur » l'inégalité phyſique des facultés intel- » lectuelles & corporelles, que la na-

____

(*f*) Alamb. mor. p. 230.
(*g*) Ibid.

» ture elle-même a mife entre eux. Il
» ne faut point déclamer contre cette
» inégalité qui fut toujours néceffaire.
» L'homme foible, foit de corps, foit
» d'efprit, fut toujours forcé de recon-
» noître la fupériorité du plus fort, du
» plus induftrieux, du plus fpirituel. Cha-
» que fociété fentit le befoin de fe fou-
» mettre à une volonté, à une autorité
» qui eût le droit de commander à tous
» fes membres. Chaque individu renonça
» donc pour fon bien à une indépendance
» dont l'exercice ne pouvoit être que fu-
» nefte à lui-même, & aux autres. Il fou-
» mit fa volonté, fes facultés, & fes ac-
» tions à la force centrale deftinée à
» mettre le tout en mouvement. » (h)

DALEMB. Cette renonciation n'eft que
conditionnelle. » Le citoyen chargé de
» l'autorité en eft le dépofitaire & non
» le maître. Rien ne l'autorife à changer
» à fon gré les Loix. Il répugne à la na-
» ture de l'efprit & du cœur humain,
» qu'une multitude d'hommes ait dit fans
» condition à un feul, ou à quelques-uns,
» commandez-nous, & nous vous obéi-
» rons. » (i)

____

(h) Sift. Soc. difc. 2. p. 18. 19. 33.
(i) Penf. de Dalemb. Nᵒ. 198.

Mde. **MEN.** » Je reconnois entre les
» peuples & leurs chefs, un pacte social
» dont les articles doivent être conçus
» en ces termes : engagez-vous à bien
» gouverner, & nous nous engagerons
» à vous obéir. Si vous ne nous faites
» point jouir d'aucuns biens, si vous ne
» nous faites que du mal, nos engage-
» mens seront nuls.... Vous aurez un
» ennemi dans chacun de vos esclaves,
» & vous serez à chaque instant obligé
» de trembler sur ce trône, dont vous
» ne serez qu'un injuste usurpateur. » (*k*)

ACCORT. Il me semble qu'en rappor-
tant au caprice des peuples l'exercice de
la manutention, c'est la rendre aussi ver-
satile que le sont les maximes des Philosophes. C'est obliger le *Prince à trembler à chaque instant sur son trône.*

DID. Cela est cependant ainsi. » Le
» Prince tient de ses sujets l'autorité qu'il
» a sur eux. »

ACC. Dieu n'y entre-t-il pour rien ?

DID. » Cette autorité est bornée par
» les loix de la nature & de l'Etat. Il
» n'a d'autorité sur eux que par leur choix
» & de leur consentement. » (*l*)

___

(*k*) Sist. Soc. 2; p. p. 12.
(*l*) Encyc. a...autorité p. 298.

ACC.

ACCORT. Il cesse donc d'en avoir dès que les sujets refusent de la reconnoitre ? Dites-moi, mon ami, si vous n'avez point d'autres actions de graces à rendre *au Monarque sous le regne duquel vous avez entrepris votre grand ouvrage ?* (*)

Mde. MEN. » Il est toujours fâcheux » que les peuples soient forcés de pro- » diguer leurs secours à des ingrats qu'ils » ont eux-mêmes choisis pour les guider » & les défendre. » (m)

ACCORT. Ne nous avez-vous pas dit que ce choix étoit *naturel & nécessaire ?*

TOUSSAINT. Oui: » mais les Princes » oublient trop tôt qu'ils tiennent leur » pouvoir au moins dans l'origine, de » l'autorité des peuples. » (n)

ACCORT. Quelle que soit l'origine de leur pouvoir, n'en ont-ils pas aujour-d'hui le plein exercice, & l'entiere pro-priété ?

Mde. MEN. Non : » ce sont les pré- » jugés religieux que bien des gens nous » vantent comme utiles & consolants, » qui font un devoir aux peuples de con- » sentir en silence à tous les maux qu'ils

---

[*] L'Encyclopédie.

(m) Sist. Soc. p. 28.

(n) Les mœurs 1. p. p. 55.

I

» éprouvent de la part de ceux qu'ils ont
» chargé de veiller à leur bien être. (o)

Accort. Feroient-ils mieux de se ré-
volter ?

Mde. Men. » On doit s'en prendre
» à l'éducation que, même dans des con-
» trées plus éclairées, l'on donne aux
» Princes. Elle ne paroît avoir pour but
» que de leur endurcir le cœur, & de
» leur retrécir l'esprit. Des Prêtres in-
» téressés, des dévots imbécilles, sont
» ceux que l'on choisit de préférence
» pour former les arbitres de la terre.
» Ils ne leur enseignent que des mer-
» veilles, des fables, des dogmes incon-
» cevables, des notions bien plus pro-
» pres à détruire la raison dans son ger-
» me, qu'à la développer. Pour tous
» devoirs on leur impose les pratiques
» minutieuses de la superstition. Pour
» toutes vertus, on leur inspire des ver-
» tus religieuses, totalement étrangeres
» au bien de la société. » (p)

Montesq. On a bien raison. » Quand
» la Religion seroit inutile aux peuples,
» il ne le seroit pas que les Princes en
» eussent, & qu'ils blanchissent d'écume,

(o) Sist. Soc. p. 184.
(p) Sist. Soc. 2. p. p. 96.

» le seul frein que ceux qui ne crai-
» gnent pas les loix humaines, puissent
» avoir. » (q)

BOULL. » Nous voyons les Princes
» remplis de foi, entreprendre les guer-
» res les plus injustes, prodiguer inu-
» tilement le sang & les biens de leurs
» sujets, arracher le pain des mains du
» pauvre, permettre & même ordon-
» ner le vol, les concussions, les in-
» justices. » (r)

ACCORT. De tels Princes sont remplis de foi, comme vous l'êtes d'obéissance & d'humilité. Quand on leur confia
l'autorité, on sçavoit que tous ces abus
étoient possibles. Mais il faut un chef
aux nations, & ce chef est toujours
homme.

LUCR. Le mal vient » des Ministres
» fauteurs des tyrans qui crient sans cesse
» aux Monarques qu'ils sont les images
» du très-haut... Les chefs des nations
» ainsi empoisonnés au nom de la Di-
» vinité, s'imaginent que tout leur est
» permis... Il est donc évident que c'est
» aux notions théologiques que so t dus
» le despotisme, la tyrannie, la corrup-

____

(q) L'Esp. des Loix l. 24. c. 8.
(r) Christ. dev. préf. p. 27.

I 2

» tion, la licence des Princes, & l'a-
» veuglement des peuples à qui l'on dé-
» fend au nom du ciel d'aimer la liberté,
» de travailler à leur bonheur, de s'op-
» poser à la violence, d'user de leurs
» droits naturels. » (*f*)

ACCORT. Vous n'êtes pas Théologien, puisque vous ignorez que les Ministres prêchent aux Rois une morale plus sévere qu'aux peuples.

HELV. Cela doit être : » car la méchan-
» ceté des hommes ne vient que du vice
» des Légiflateurs. » (*t*)

ACCORT. Croyez-vous que sous un bon Prince il n'y ait point de mauvais sujets ?

LUCR. Il n'y a pas un bon Prince.
» Nous ne voyons fur la face du globe
» que des Souverains injustes, incapa-
» bles, amollis par le luxe, corrompus
» par la flatterie, dépravés par la licence,
» dépourvus de talents, de mœurs, de
» vertus. » (*v*)

VOLTAIRE.

Le vulgaire des Rois
Efclaves des plaifirs, fiers oppreffeurs des Loix,

(*f*) Sift. de la Nat. 1 p. p. 241. 242. 257.
(*t*) L'Efp. Dif. 2. p. 73.
(*v*) Sift. de la Nat. 2. p. p. 242.

Fardeaux de la nature, ou fléaux de la terre,
Endormis fur le trône , ou lançant le ton-
nerre. (*u*)

ACCORT. Vous en exceptez fans doute
le Salomon du Nord ?

VOLT. Définiffons la chofe. Qu'eft-
ce que la Royauté ?
Science d'être injufte à la faveur des Loix,
Art d'opprimer la terre, art malheureux des
crimes ,
Qu'on nomme l'art des Rois. (*x*)

ACCORT. Je plains les Empires qui
regarderont vos définitions comme des
oracles.

Mde. MEN. Il n'en donne que de juftes.
» A peine en mille ans rencontre-t-on
» dans l'hiftoire, un Souverain qui ait
» le mérite, les talents, les vertus de
» l'homme ordinaire. » (*y*)

ACCORT. Ou vous n'avez pas lu l'hiftoire, ou vous y avez cherché autre *chofe*
que ce qu'elle dit.

LUCR. » Sont-ils donc des Athées, ces
» Monarques injuftes par l'habitude &

(*u*) Poëme fur la loi naturelle. p. 13.
(*x*) T. 6. p. 103.
(*y*) Sift. Soc. p. 91.

» fans remords, qui arrachent le pain
» des peuples affamés, pour fournir au
» luxe de leurs courtifannes infatia-
» bles. » (?)

ACCORT. C'eft donc l'Athéifme, &
non la Religion qui corrompt les Princes ?

Mde. MEN. » Les Rois font le Saturne
» de la Fable qui dévore fes propres
» enfants, ou fi vous voulez, les man-
» geurs des peuples dont parle Ho-
» mere. » (a)

ACCORT. Tels font les Rois *Athées*.

LUCR. » Nous voyons dans ces Po-
» tentats des ambitieux que rien n'arrête,
» des cœurs parfaitement infenfibles aux
» maux du genre humain, des ames fans
» énergie & fans vertu, des fourbes qui
» fe jouent de la bonne foi, des brigands
» trop orgueilleux pour être humains,
» trop grands pour être juftes. » (b)

ACCORT. C'eft qu'ils ne font pas *remplis de foi*.

LUCR. » C'eft qu'ils fe font un code
» à part de perfidie, de violence, de
» trahifons. Ce font des méchants, des
» furieux toujours en guerre. Ils fe dif-
» putent à qui fera le plus de malheu-
» reux fur la terre... Ils font prêts à

____

(?) Sift. de la Nat. ibid.
(a) Sift. Soc. p. 25.
(b) Sift. de la Nat. ibid.

» violer la foi de leurs ferments.....
» Parmi ces repréfentants de la Divinité,
» à peine dans des milliers d'années s'en
» trouve-t-il un feul qui ait l'équité, la
» fenfiblité, les talents, & les vertus
» les plus ordinaires. Les peuples abrutis
» par la fuperftition, fouffrent que des
» enfants les gouvernent avec un fceptre
» de fer... Concluons donc que les no-
» tions de la Divinité, loin de leur être
» utiles, ne fervent qu'à les corrompre,
» & à les rendre plus méchants que la
» nature ne les a faits. » (c)

ACC. Quelle autre *notion* leur donne-
riez-vous, qui les rende raifonnables &
humains ?

LUCR. L'Athéifme.

ACCORT. Vous l'avez chargé de tous
leurs vices ?

LUCR. » Un Athée fage économe du
» vice, peut jouir de tous les avantages
» qu'il eft poffible de puifer dans la vertu
» confidérée en elle-même, & en même
» temps il peut éviter tous les inconvé-
» nients attachés au vice imprudent, &
» à la rigide vertu. » (d)

VOLT. » Je ne voudrois pas avoir
» affaire à un Prince Athée, qui trou-

(c) Sift. de la Nat. p. 243.
(d) Ibid. 2. p. p. p. 387. 382.

» veroit son intérêt à me faire piler dans
» un mortier. Je suis bien sûr que je se-
» rois pilé. Je ne voudrois pas si j'étois
» Souverain, avoir des courtisans Athées,
» dont l'intérêt seroit de m'empoisonner.
» Il me faudroit prendre au hasard du
» contrepoison tous les jours. Il est donc
» absolument nécessaire pour les Princes
» & pour les peuples, que l'idée d'un
» être suprême, créateur, gouverneur,
» rémunérateur, & vengeur, soit pro-
» fondément gravée dans les esprits. » (e)

ACCORT. Vous avez cependant fait
l'éloge de ce système que vous contre-
dites à cette heure.

LUCR. » Si l'ami de la nature combat
» les prétentions hautaines de ces tyrans
» déifiés par la superstition... C'est afin
» que vous jouissiez des droits de votre
» nature... Il est important de détruire
» des prestiges qui font gémir des cœurs
» honnêtes. L'homme est presque en tout
» climat un captif dégradé, à qui des
» Geoliers inhumains ne permettent ja-
» mais de voir le jour. » (f)

VOLT. » D'accord ; mais si le monde
» étoit gouverné par des Athées, il vau-

(e) Dict. phil. art. Athée.
(f) Syst. de la Nat. à la fin.

» droit autant être fous l'Empire immé-
» diat de ces êtres infernaux qu'on
» nous peint acharnés contre leurs victi-
» mes. » (g)

DIALOGUE SECOND.

*L'autorité Souveraine dans qui ré-
side-t-elle ?*

ACCORTINO. Il paroît MM. que vous
ménagez encore moins les Rois que les
Prêtres ?

Mde. **M**EN. » Ce font ceux-ci qui ont
» mis les Princes fous la fauve-garde du
» ciel, fanctifié leurs ufurpations, privé
» les nations de la jufte défenfe d'elles-
» mêmes. Ils s'attribuent le droit d'exci-
» ter les paffions des fujets contre les
» fouverains. » (*)

ACCORT. Soulever contre les Princes
les *nations* qu'ils ont privée d'une *jufte
défenfe.* Cette manœuvre ne feroit-elle
pas auffi inconféquente que le reproche ?

____

(g) Homelies fur l'Athéifme.
(*) Sift. foc. p. 32. 206.

1 5

VOLT. » La Nation Anglaise est la
» seule de la terre qui soit parvenue à
» régler le pouvoir des Rois, en leur
» résistant. Il en a coûté sans doute pour
» établir la liberté en Angleterre. C'est
» dans des mers de sang qu'on a noyé
» l'idole du pouvoir despotique ; mais
» les Anglais ne croient point avoir
» acheté trop cher leurs loix. » (*b*)

ACCORT. En les achetant au prix du
sang de leur Roi & de leurs concitoyens ?
De telles assertions vous rendent bien
digne d'une députation extraordinaire de
l'illustre Académie.

HELVET. Cela vous étonne ? Apprenez » que l'esprit de faction est l'esprit
» conservateur des Empires. » (*c*)

ACCORT. Je ne suis plus étonné que
vous preniez le titre de conservateurs ou
de *pacificateurs des Etats*.

VOLT. » Il n'y a pas un seul exemple
» sur la terre, de Philosophes qui se
» soient oposés aux Loix du Prince. » (*d*)

ACCORT. Sans remonter plus haut que
le nôtre, on trouvera trop *d'exemples de
Philosophes qui s'opposent au Prince même.*

(*b*) Mélang. c. 21.
(*c*) L'Esp. disc. 3. p. 408.
(*d*) Pensées sur l'admin. pub.

(203)

Mde. MEN. » Parce que le defpotif-
» me eft le corrupteur de toute mo-
» rale. » (e)

ACCORT. Tous les Rois ne font pas
defpotes ?

VOLT. Peu s'en faut. » Par le préam-
» bule de cet Edit (fur les Impôts) étoit
» que la puiffance légiflatrice & exécu-
» trice, eft née de droit divin, co-pro-
» priétaire de ma terre, & que je lui
» dois au moins la moitié de ce que je
» mange. L'énormité de la puiffance lé-
» giflatrice & exécutrice, me fit faire
» un grand figne de croix. » (f)

ACCORT. C'eft toujours un bien qu'elle
a procuré ; car je me doute que depuis
long-temps vous n'en aviez pas fait.

Mde. MEN. » Pourquoi a-t-on fotte-
» ment permis aux Princes de donner
» des Loix ? N'étoit-ce pas affez de leur
» accorder la primauté ? » (g)

ACCORT. Concevez-vous un Monarque
fans le pouvoir légiflatif ?

DID. » Les peuples accordent trop
» de ce pouvoir fuprême que le Créa-
» teur s'eft réfervé fur la créature. » (h)

____

(e) Sift. Soc. p. 12.
(f) L'homme aux 40 écus.
(g) Afiat. toler. p. 50.
(h) Encyc. a. autorité p. 898.

ACCORT. On accorde trop aux Philoſophes, de cette licence dont aucune
créature ne doit uſer. Le pouvoir des
Rois ne vient-il pas du Créateur dont
ils ſont les repréſentants ? Eſt-ce à des
hommes de néant à prétendre le borner ?

Mde. MEN. » Je ne crois pas que le
» Conſeil des Princes puiſſe fournir des
» titres juſtificatifs de cette émanation
» divine ; par conſéquent ce n'eſt qu'une
» chimere inventée par l'ignorance, en-
» tretenue par la flatterie, mais que la
» force m'a bien la mine de perpétuer
» au préjudice des plus pures lumieres
» de la raiſon, & des véritables intérêts
» des hommes. » (*i*)

ACCORT. N'eſt-il pas écrit, *c'eſt de
moi que les Rois tiennent le Sceptre ; il n'y
a point de puiſſance qui ne vienne de Dieu ?*

DID. » J'ai fait l'Edit, je veux qu'il
» s'obſerve. Ma volonté devroit ſervir
» de raiſon. On ne la demande jamais
» dans un Etat obéiſſant, diſoit Henri IV
» à ſon Parlement. C'eſt ainſi qu'il con-
» vient au Monarque de parler à ſes Su-
» jets quand il a évidemment la juſtice de
» ſon côté. » (*k*)

(*i*) Aſiat. toler. p. 105.
(*k*) Encyc. a. autorité. Ibid.

AC. Henri IV avoit donc tort deprétendre que sa *volonté dût servir de raison ?*

Mde. MEN. Sans doute. » C'est à la » nation de juger si elle est bien ou mal » gouvernée. » (*l*)

SIDNEY. » Puisque c'est le peuple » pour qui, & par qui le Souverain est » établi, il peut seul juger s'il remplit » bien ses devoirs ou non. » (*m*)

ACCORT. Le *peuple* est donc le Roi des Rois ?

Mde. MEN. » Ses droits étant inalié- » nables, il s'ensuit qu'il peut, quand bon » lui semble, s'opposer à la tyrannie. » (*n*)

ACCORT. Il peut reprendre la couronne qu'il a donnée ?

DID. » Généralement parlant, quand » le pacte n'a plus lieu, la nation rentre » dans le droit, & dans la pleine liberté » d'en passer un nouveau avec qui & » comme il lui plaît. » (*o*)

ACCORT. Elle peut destituer son Roi ? Mais lorsque la couronne est héréditaire, ou que les Princes se nomment des successeurs ?

____

(*l*) Sist. Soc. p. 57.

(*m*) Sydnei se ligua avec Cromwel & les enthousiastes, qui condamnèrent à mort Charles I. leur Roi.

(*n*) Afiat. toler. p. 30.

(*o*) Encyc. ibid.

DID. » Le Gouvernement quoiqu'hé-
» réditaire dans une famille, & mis entre
» les mains d'un feul, n'eft pas un bien
» particulier, mais un bien public qui
» par conféquent ne peut jamais être en-
» levé au peuple. Ce n'eft pas l'Etat qui
» appartient au Prince, c'eft le Prince
» qui appartient à l'Etat. En un mot,
» la couronne, le Gouvernement, &
» l'autorité publique font des biens dont
» le corps de la nation eft propriétaire,
» & dont les Princes font ufufruitiers,
» les Miniftres & les dépofitaires. » (p)

ACCORT. Le contrat par lequel le Roi
de France a échangé la Tofcane pour la
Lorraine, eft donc nul faute d'intervention de la part du peuple qui eft le feul
propriétaire ?

DID. Voyez ce que dit l'Abbé de Lu-
berfac en parlant du Sacre de Louis XVI:
» il connoît trop les devoirs mutuels des
» Princes & des Sujets, pour ignorer
» qu'il n'eft point de contrat fans réci-
» procité. » (q)

ACCORT. Je vois que le jargon philofophique s'infinue par tout. En admettant ce prétendu contrat, la cérémonie

____

(p) Encyc. ibid.
(q) Dif. fur les monuments. p. 219.

du Sacre auroit été nulle, comme les actes d'autorité qui l'ont précédée, puiſque la nation, ni aucun de ſes repréſentants, n'a ſtipulé avec Sa Majeſté. Il n'eſt rien de plus ſéditieux que ce ſyſtême du *contrat ſocial*, qui ſuppoſant la Royauté une convention libre, annulle les liens du peuple dès que le Prince manque à ſes promeſſes.

Mde. MEN. Rien de plus vrai. » Le
» Prince n'eſt que le premier domeſtique
» de ſes ſujets. Tous les Princes ſont
» obligés de rendre à leurs peuples, un
» compte exact de leurs actions. Un Roi
» eſt toujours coupable quand la plus
» grande partie de ſes ſujets le trouve
» tel. » (*r*)

ACCORT. C'eſt-à-dire que les Rois ſont les ſujets, & que les ſujets ſont Rois.

Mde. MEN. Ce ſont les véritables principes. Ce qui en a fait admettre d'autres, » eſt que l'on dit communément
» que le pouvoir des Rois eſt émané de
» Dieu, au lieu de dire que la liberté
» des peuples eſt un préſent de l'Être
» ſuprême. L'autorité des Rois émane
» de la conceſſion volontaire des hom-
» mes. » (*ſ*)

____

(*r*) Aſiat. toler. p. 50. 105.
(*ſ*) Ibid.

ACCORT. Soit , mais cette *conceſſion* faite , eſt-elle révocable au gré des concédants ?

VOLT. Oui :

Devant ces mêmes Dieux il jura d'être juſte,
De ſon peuple & de lui tel étoit le lien.
Il nous rend nos ſerments quand il trahit le ſien,
Et dès qu'aux loix de Rome il oſe être infidele ,
Rome n'eſt plus ſujette , & lui ſeul eſt rebelle.

ACCORT. Si pour manquer à ſon ſerment , on perdoit ſon état , que d'hommes en place rentreroient dans la claſſe des particuliers ?

Mde. MEN. Diſputez tant qu'il vous plaira , vous ne pouvez conteſter » que » la forme du Gouvernement n'eſt avan-» tageuſe que lorſqu'elle laiſſe tout pou-» voir à la loi. » (*t*)

DID. » La puiſſance en effet qui s'ac-» quiert par la violence n'eſt qu'une » uſurpation. » (*v*)

ACCORT. Il n'y a donc point de conquête légitime ?

DID. » Toute conquête légitime ſup-» poſe que le vainqueur ait eu un juſte

---

(*t*) Siſt. Soc. p. 92.
(*v*) Encyc. Ibid.

» fujet de faire la guerre au vaincu. » (*u*)

ACCORT. S'il l'a faite fans un *jufte fujet*, pourra-t-on le chaffer pour rétablir le Prince légitime ?

DID. » Il eft effectivement du devoir
» des peuples de réfifter dans le com-
» mencement à l'ufurpateur de toutes
» leurs forces, & de demeurer fideles à
» leur Souverain. Mais fi malgré tous
» leurs efforts le Souverain a du deffous,
» & qu'il ne foit plus en état de faire
» valoir fon droit, ils ne font obligés
» à rien de plus, & ils peuvent pour-
» voir à leur confervation. Les peuples
» ne fçauroient fe paffer de Gouverne-
» ment, & comme ils ne font pas tenus
» à s'expofer à des guerres continuelles
» pour foutenir les intérêts de leur pre-
» mier Souverain , ils peuvent rendre
» légitime par leur confentement le droit
» de l'ufurpateur, & dans ces circonf-
» tances le Souverain dépouillé doit fe
» confoler de la perte de fes Etats , com-
» me d'un mal fans remede. » (*x*)

ACCORT. Quand l'ufurpateur auroit le *confentement des peuples*, il n'aura pas celui de Dieu ?

____

(*u*) Encyc. a. conquête.
(*x*) Ibid.

DID. » La vraie & légitime puissance
» a nécessairement des bornes. Toute
» puissance qui vient de Dieu est une
» puissance réglée, *omnis potestas à Deo*
» *ordinata est.* » (y)

ACCORT. Le Magistrat qui a commenté
cette doctrine, connoissoit un peu mieux
que vous, celle de S. Paul. *Les consé-*
quences, disoit-il, *se présentent d'elles-*
mêmes. Il est de la prudence de notre Mi-
nistere de ne pas employer les termes dans
lesquels sont conçues les maximes séditieu-
ses du Rédacteur, maximes bien différentes
de celles de l'Apôtre. (z)

DID. » Nous n'avons jamais prétendu que
» l'autorité des Princes ne vint point de
» Dieu, nous avons seulement voulu la
» distinguer de celle des usurpateurs qui
» enlevent la couronne aux Princes légi-
» times à qui les peuples sont toujours
» obligés d'obéir, même dans leur dif-
» grace, parce que l'autorité des Princes
» légitimes vient de Dieu, & que celle
» des usurpateurs est un mal qu'il permet.
» Le signe que l'autorité vient de Dieu,
» est le consentement des peuples. C'est
» ce consentement irrévocable qui a af-

(y) Ibid.
(z) Réquisitoire de M. Joly de Fleury, 1759.

» furé la couronne à Hugues Capet & à
» fa poftérité. » (*a*)

ACCORT. Le *confentement du peuple* qui
méconnoît fon légitime Souverain , eft
donc un *figne* que Dieu a mis la puiffance entre les mains de l'ufurpateur ?

DID.

>Les ufurpateurs des provinces
>En deviennent les juftes Princes ,
>En donnant de plus juftes Loix. (*b*)

VOLT. » Il ne s'agit après tout que
» de fçavoir fi le fétu appartient à un
» certain homme qu'on appelle Sultan ,
» ou à un autre qu'on appelle , je ne fçais
» pourquoi , Céfar. » (*c*)

ACCORT. Puifqu'il eft indifférent qui
commande du *Sultan* ou de *Céfar*, les
peuples font donc dégagés du ferment
de fidélité qu'ils avoient prêté au Prince
légitime ?

DID. » La loi fondamentale de l'Etat
» forme une liaifon réciproque & éter-
» nelle entre le Prince & fes defcen-
» dants d'une part , & leurs fujets & leurs
» defcendants de l'autre , par une efpece

(*a*) Encyc. a. autorité.
(*b*) Ibid.
(*c*) Raifon par alph. troifieme entret.

» de contrat qui deſtine le Souverain à
» régner, & les peuples à obéir : en-
» gagement ſolemnel dans lequel ils ſe
» ſont donnés les uns aux autres pour
» s'entre aider mutuellement. » (d)

ACCORT. *Les uſurpateurs ne deviennent
donc pas les juſtes Princes, donnaſſent-ils
de plus juſtes Loix ?*

Mde. MEN. Si fait. » Les ſujets ont
» droit de s'oppoſer quand bon leur ſem-
» ble à la tyrannie des Rois. Le Ciel,
» le juſte Ciel, exigeroit-il de nous que
» nous rendiſſions des hommages à l'En-
» fer ? Un Monarque qui ceſſe d'être le
» berger de ſon peuple, en devient l'en-
» nemi. L'obéiſſance à un tel Prince eſt
» un crime de haute trahiſon au premier
» chef contre l'humanité. » (e)

ACCORT. Sçavez-vous la réponſe d'un
Magiſtrat Français à un Mémoire du temps
de Henri IV, qui contenoit mot pour
mot les maximes que vous venez d'étaler ?
Ecoutez : » O manie & forcénerie étran-
» ge ! ô méchanceté & félonie ! ha miſé-
» rables gens ! vous voulez contrefaire
» des Salmonées, épouvanter votre Prin-
» ce de vos tonnerres ; mais le vrai ton-

(d) Encyc. a. autorité.
(e) Aſſt. tol. p. 116.

» nerre de la providence , vous fou-
» droiera, & réduira vos desseins en fu-
» mée. Quoi! des sujets jugent de leurs
» Rois, & les déclarent incapables de
» commander ? » (ƒ) Je vous déclare
bonnement que si vous alliez déclamer de
la sorte en Hollande, en Prusse, ou dans
tout autre Etat & République , je doute
que vous en rapportassiez les mêmes facultés de penser & d'écrire malgré vos
privileges de travailler à la *cure des
Princes*.

DID. » Le mal vient de la flatterie
» qui corrompt les plus grand Rois. Voilà
» leurs courtisans, leurs sujets sont deve-
» nus adulateurs. Ils leur insinuent que
» les peuples sont à l'égard des têtes
» couronnées ce que les animaux sont
» pour les hommes. » (g)

ACCORT. Vous ne faites que répéter
ici, ce que disoit Caligula, » que les
» conducteurs de troupeaux de bétes ,
» n'étant pas des bétes comme elles, mais
» d'une nature plus excellente , il falloit
» bien que ceux qui commandent aux
» hommes, & à qui tous les autres ce-
» dent, ne soient pas de simples hom-

____

(ƒ) Pelous Avocat au Parlement.
[g] Code de la Nat. p. 109.

» mes, mais des Dieux. » Convenez que tous les Princes ne font pas des Caligula, & je conviendrai que les *lâches flatteurs qui corrompent les plus grands Rois*, font les fléaux de l'Etat.

VOLT. » Ce qu'il faut punir ce font » les Princes mêmes, ces barbares fé- » dentaires qui du fond de leur cabinet » ordonnent dans le temps de leur di- » geftion, le maffacre d'un million d'hom- » mes, & qui enfuite en font remercier » Dieu folemnellement. » (h)

ACCORT. Comment ofez-vous tenir des propos auffi évidemment féditieux?

BAYLE. » On a beau faire. On n'a » jamais pu ôter les femences de l'A- » narchie, ni empêcher qu'elle ne levât » la crête de temps en temps. Les fé- » ditions, les guerres civiles, les révo- » lutions ont été fréquentes dans tous » les Etats. La caufe? c'eft que les hom- » mes font envieux, ambitieux, volup- » tueux. » (i)

ACCORT. Il eft bien honteux à des Philofophes fur-tout, de fe rendre fuf- pects de fi grands vices.

Le GREN. Bayle fe trompe. » Les

---

[h] Micromegas t. 2. p. 346.
[i] Œuv. t. 3. p. 349.

(215)

» émeutes dénotent toujours un vice dans
» le Gouvernement , & fur-tout dans
» l'adminiſtration. Ce n'eſt pas ceux qui
» ſe trouvent dans une émeute qu'il faut
» punir, ce ſont les chefs dont la négli-
» gence ou la friponnerie, ſouvent même
» l'une & l'autre en ſont la cauſe pre-
» miere. » (*k*)

ACCORT. L'indépendance que les Philoſophes inſpirent au peuple, en eſt au
moins la cauſe ſeconde.

Mde. MEN. » C'eſt ainſi que les Prin-
» ces, dès que la vérité les bleſſe , échauf-
» fent les peuples contre cette vérité en
» la faiſant paſſer pour une ſédition, un
» délire, un attentat contre le ciel même,
» pour un blaſphême contre les repré-
» ſentants de la divinité… Les hommes
» accoutumés à contempler leurs Sou-
» verains comme les images des Dieux,
» ſe croiroient des impies , des ſacri-
» leges, des rebelles, s'ils ſongeoient
» à ſe ſouſtraire à la rigueur de leur ſort…
» Si notre ſage recherche les droits &
» les titres de la grandeur, du rang ,
» de cette inégalité onéreuſe qu'il voit
» dans les ſociétés, il eſt tout étonné de
» voir que ces choſes ſont fondées ſur

____

[*k*] Alamb. mor. p. 237.

» l'ufurpation, la violence, l'injuftice
» des Souverains, & l'imbécillité des fu-
» jets. » (*l*)

ACCORT. Comment faire pratiquer la juftice aux uns, & rendre la raifon aux autres ?

Mde. MEN. Pour donner à l'homme
» des idées juftes fur le Gouvernement,
» il fuffit de lui faire fentir que fes forces
» & fa volonté combinées avec celle de
» fes affociés, fuffifent pour faire ceffer
» les maux qui l'affligent.... Que les na-
» tions fentent qu'elles ne font pas faites
» pour être éternellement les dupes d'o-
» pinions fauffes, tranfmifes de race
» en race fans avoir jamais été exami-
» nées. » (*m*).

BAYLE. » Les fanatiques n'ont pour
» but que de foulever les peuples. » (*n*)

Mde. MEN. » Je ne fuis pas furprife
» que ceux qui n'ont à préfenter que des
» titres fi peu fondés, s'oppofent aux
» progrès de la vérité dont la force fe-
» roit ceffer le charme qui tient les na-
» tions engourdies. C'eft à nous de les

[*l*] Effais fur les préj. p. 374. 69. 48. 70. 326. 132
138. 152.

[*m*] Ibid. p. 372.

[*n*] Dict. a. comenias.

» réveiller de leur affoupiffement. » (o)

ACCORT. Si les Princes ne veulent pas vous écouter?

Mde. MEN. » Si le Philofophe trouve » l'oreille des Princes fermée à fes con- » feils, qu'il s'adreffe au peuple. A quoi » fert de temporifer lorfqu'il faudroit » porter la coignée à la racine-de l'arbre ? » La douceur eft funefte à des plaies » que le *fer feul* eft capable d'extir- » per. » (p)

ACCORT. A ce pathétique je reconnois l'immortel Catilina. » La République , difoit-il à fes Paladins , eft partagée en deux ordres. Dans le premier je vois un corps languiffant , & dont le chef eft dé- bile. Dans le fecond , j'apperçois un corps robufte , mais il eft fans chef. Ma vue eft de donner une tête bien faine à ce corps fi bien conftitué. La néceffité , l'amour de la gloire , & de grandes efpérances doivent exciter toute votre ardeur martiale. Nous n'avons plus rien à attendre du côté de la patrie. Que nous refte-t-il que de nous joindre aux Allobroges , c'eft-à-dire , à ceux qui font entrés dans nos intérêts? De ce feul combat dépendent nos vies , notre liberté , & le recouvrement de nos droits.

[o] Effais fur les préj. Ibid.
[p] Ibid. p. 169. 220.

K

Nos perſécuteurs ont-ils des intéréts ſemblables ? Ils ne combattent que pour l'intérêt de trois ou quatre favoris, & après
bien des périls, ils n'auront que très-peu
recueilli pour leur propre avantage. Allez
braves ſoldats au-devant de l'ennemi...
Si l'on allume du feu autour de moi, ce
ne ſera pas avec de l'eau que j'éteindrai
l'incendie, je l'étoufferai ſous les ruines
de la République. » Voyez, Madame ,
ſi vos maximes n'ont pas le mérite de
l'antiquité ?

Mde. MEN. » Pourquoi dans cette Eſ-
» pagne ſi favoriſée par la nature , ne
» vois-je par-tout que des dévots plon-
» gés dans la miſere, indifférents ſur la
» Patrie, étrangers à toute ſcience ? C'eſt
» que dans ce pays, la ſuperſtition & le
» deſpotiſme ſont parvenus à dénaturer
» l'homme , à briſer les reſſorts de ſon
» ame, à engourdir les peuples. » (q)

ACCORT. Ces nouvelles ſont-elles bien
certaines ?

Mde. MEN. Trop. » Il n'exiſte point
» de patrie pour eux... L'oiſiveté, l'i-
» gnorance, & des connoiſſances futiles
» y ſont uniquement honorées, encou-
» ragées, récompenſées... La nation ne
» veut que des ſuperſtitieux & des Pré-

____

[q] Ibid.

» tres... Elle fait plus de cas d'un fai-
» néant qui prie, que du soldat qui la
» défend. Il n'est donc point surprenant
» si elle ne renferme ni citoyens, ni sol-
» dats, ni sages, ni talents. » (r)

ACCORT. Vous ne me paroissiez pas en avoir bien étudié l'histoire. Vous y auriez remarqué comment Alphonse le magnanime fit voir ce que peuvent les Espagnols sous un habile chef; la bravoure de ces vieilles bandes Castillanes, aussi redoutables que l'ancienne Phalange; l'habileté du Général Spinola, du Duc d'Albe Ferdinand Alvarès, qui pendant soixante ans de guerre, ne fut jamais ni battu ni surpris. S'étoit-il soutenu sans soldats ? Les Philosophes avoient-ils été les instruments de ses succès, & la cause de ses triomphes ? Il feroit beau les voir en présence de notre brave noblesse, & de nos intrépides légions, à la tête de leurs *Maccaroni* (ſ) armés de bâtons, de lanternes, & d'astrolabes... J'abandonne cette fiction, dont la catastrophe ne feroit que plaisante, parce qu'elle me rappelle la journée de Nazebi, qui fut si funeste à la maison de Stuart.

---

[r] Ibid.
[ſ] Bouffons.

(220)

SYDNEI. » J'écrivis alors à la tête d'un
» livre de la bibliotheque du Roi, ces
» deux vers latins. »

Manus hæc inimica tyrannis
Enfe petit placidam fub libertate quietem.

ACCORT. Nos Philofophes les écri-
roient bien en Français.

DELISLE. » Il eft trifte pour l'huma-
» nité qu'il faille que les Rois chancellent
» fur leur trone, & que les états fe ren-
» verfent pour que l'homme politique
» devienne l'homme de la nature. » (t)

ACCORT. *Les Rois ne chancellent fur
leur trône*, que lorfqu'il eft environné de
mauvais fujets. Que *l'homme politique* refte
tel. Les *Etats* fe pafferont à merveille de
l'homme de la nature.

BAYLE. » Les Chrétiens ne trouble-
» ront jamais le repos public. Ils n'en-
» treprendront jamais de changer le Gou-
» vernement, pourvu qu'ils fuivent les
» principes de J. C. & des Apôtres. Ils
» n'entreprendront jamais d'exciter des
» féditions & des brouilleries. » (v)

ACCORT. Les Philofophes ne font donc
pas *Chrétiens* ?

---

[t] Philof. de la nat. p. 108.
[v] Œuv. p. 360.

Mde. MEN. Vous n'avez que la fuperftition en tête ?

ACCORT. Beaucoup plus que vos délires philofophiques.

Mde. MEN. Vous appellez délires les
plus fublimes efforts de l'efprit humain ?

ACCORT. Qu'admirent des femmes fça-
vantes, & qui font pitié aux hommes de
bon fens. (*u*)

Mde. MEN. Nous avons les rieurs de
notre côté.

ACCORT. il n'y a rien de plus fot que
de rire mal-à-propos. (*x*) Après tout,

Quels font vos partifans ? Un Marquis éventé,
   Une fçavante à toute outrance,
    Qui décide à tort à travers,
     Un Clerc d'égale fcience,
Qui d'un air important & d'un ton de fauffet
    Applaudit à fon ignorance.
    Un tas de ces faux mécontents,
    Qui méprifant de vains lauriers,
    Bornent tous leurs exploits guerriers,
    A perdre des cœurs innocents.

[*u*] *Demetrique Tigelli
Difcipularum inter jubas plorare cathedras. Hor.*
[*x*] *Nam rifu inepto res ineptior nulla eft. Catul. carm.*
37. 16.

Ne font-ce pas-là, je vous prie,
D'amples fujets de Comédie ?

Mde. MEN. Croyez-moi, Accortino;
rendez-vous.

ACCORT. A Rome ?

Mde. MEN. Renoncez à un pays que
déshonore le fanatifme. Ne penfez pas
que votre préfence y retienne les *Arle-*
quins défroqués que nous allons chaffer
inceffamment de l'afile des *Scipions.*

ACCORT. Ils m'ont l'air d'y demeurer
long-temps, fi pour les déloger vous
n'employez d'autres armes que des arguments épigrammatiques.

Mde. MEN. Reftez avec nous.

ACCORT.

Que ferai-je à Paris ? Je ne fuis point un homme
A pouvoir déguifer mon jufte fentiment,
A feindre de l'eftime & de l'empreffement,
A louer fans raifon quelque mauvais ouvrage;
Moi qui ne fçais parler qu'un ingénu langage,
Je ne pénetre point des étoiles le cours,
Je ne puis ni ne veux prêter aucun fecours
A l'enfant qui d'un pere attend les funérailles.

. . . .

Je ne fçais point fervir l'intrigue d'un amant,
Ni ne fuis du voleur le honteux inftrument.
Je ne fçais point du fourbe éluder l'artifice,

J'ignore le moyen d'avoir un bénéfice,
Je respecte le Rois, j'aime le Magistrat
Qui sert le citoyen contre le scélérat.
Je veux vivre tout seul comme un membre
   inutile,
Et déteste ces gens qui corrompent la ville. (y)

   Tout est dit. Applaudissez Lecteurs ; (z)
& couronnez les Philosophes.

DIALOGUE TROISIEME.

Accortino. Tes Philosophes renversent le Trône & l'Autel. Leurs maximes
sont un feu brûlant qui ravage, con-
sume tout, & ne laisse après soi que
de tristes débris, & de noires vapeurs.
   Pazz. Heureux celui qu'elles enivrent ?
   Accort. Si Robek fit l'apologie de
la mort volontaire, avant que de se la
donner, & Possidonius celle de la goutte
dont il étoit tourmenté ; tu peux faire
l'éloge de la Philosohie qui te transporte.

---

[y] *Quid urbi faciam ? Mentiri nescio, librum,
Si malus est, neque laudare & poscere, &c. Juv. Sat. 3.*
  [z] *Vos valete & plaudite.* Térence. Formule par laquelle finissoient les Comédies.

K 4

mais j'en appelle de Pazzoni ivre , à Pazzoni à jeun.

PAZZ. Peut-on mieux raisonner que nos Philosophes sur le Gouvernement ? Quelles vues ! quel patriotisme !

ACCORT. Les Philosophes ne disputent que pour détruire. Ils conviennent de la nécessité d'un Gouvernement, & ils enseignent à en secouer le joug. Ils soufflent l'esprit Républicain dans le sein de la Monarchie. Ils conseillent aux Souverains l'athéisme , aux sujets le régicide, & ils sont à tes yeux des modeles de patriotisme ! Pour moi j'ai cru voir Alecton tenant son flambeau d'une main , & un couteau de l'autre.

PAZZ. Pures visions auxquelles la superstition donne une apparence de réalité. Les Rois seroient plus affermis sur leur trône , s'ils bannissoient de leurs états, cette peste qui corrompt les peuples.

ACCORT. Cet avis est trop insidieux pour être suivi. La Religion en bornant les droits des Princes, assure ceux qu'elle leur accorde. Ils s'exposeroient à les perdre , si sous prétexte de les étendre , ils l'enlevoient aux peuples à qui elle fut toujours chere.

PAZZ. Elle leur accorde trop. Ils en abusent pour rendre leurs sujets malheureux en les tenant dans l'esclavage.

ACCORT. La Religion en inspirant aux peuples une soumission sans borne, tempere tellement l'autorité qu'elle tourne toujours à leur avantage. Le Prince est l'homme, & non le tyran de ses sujets. S'il vexe les peuples, le Dieu des foibles veille sur leurs intérêts. Il sera le rémunérateur de leur patience, & le juge de leurs oppresseurs. Le Christianisme n'offre point d'autre ressource, ne suffit-elle pas à un cœur chrétien ? Ces mots de *liberté*, *d'égalité*, *de contrat social*, sont le cri de la sédition & de la révolte. Le fléau de toute justice, dit Cicéron, c'est le procédé de ceux qui dans le moment même qu'ils trompent, font parade de droiture & de probité.

PAZZ. Dis plutôt que, cette obéissance aveugle que la Religion exige des sujets, est la source des vexations qu'ils éprouvent.

ACCORT. L'autorité est nécessaire au maintien des Loix. Le plus beau plan ne sera point rempli, s'il n'y a personne qui le fasse exécuter. Les meilleures Loix seront de vaines spéculations, si une force coactive ne les fait respecter. En admettant l'autorité d'une part, & l'indépendance de l'autre, il résultera de cette collision, la dissolution des corps politiques.

K 5

Parcours l'histoire , & tu verras les légions romaines se détruire avec fureur, le trône de l'Empire ensanglanté , les Califes après Mahomet assassinés, Sigismond détrôné par ses sujets , Charles I, décapité par les siens. Telles seront toujours les conséquences des principes que proposent tes Philosophes.

PAZZ. N'apperçois-tu point le défaut de ta Religion , qui en assurant aux Rois l'indépendance & l'impunité , favorise le despotisme & la tyrannie ?

ACCORT. N'apperçois-tu point le faux de ton observation ? La Religion n'est-elle pas la digue la plus forte , & même la seule que l'on puisse opposer au pouvoir arbitraire ? Est-il rien de plus propre à inspirer la modération au Prince , que de penser qu'il est comptable de son administration à un tribunal supérieur au sien ? que de se rappeller qu'il n'est que le dépositaire de la puissance divine, & que Dieu qui lui a confié les rênes de l'état , veille sans cesse sur la maniere dont il le conduit ? Les Philosophes s'imaginent-ils qu'un Monarque absolu auroit plus d'égard à leurs représentations, qu'aux ordres de celui dont il tient le sceptre ? Esperent-ils que leurs vaines spéculations feroient une grande sensation sur une

armée ? » Il me semble, disoit Perse,
» que j'entends dire à quelque vieux Cen-
» turion, sentant le bouc & le faguenas ;
» moi je suis très-content de ce que j'ai
» de sagesse & de bon sens. Je me soucie
» fort peu d'être un Arcesilas, un Solon,
» qu'on voit la tête appuyée sur une main,
» les yeux en terre, l'air morne, mar-
» mottant des paroles qui ne signifient
» rien, occupés jour & nuit à des idées
» plus chimériques & plus creuses que
» les songes d'un pauvre malade ; *rien*
» *ne se fait de rien, rien ne retourne à*
» *rien*, la belle merveille ! Est-ce pour
» pénétrer cette grande vérité que vous
» pâlissez sur les livres, & que vous ne
» songez pas à manger ? » (a) Le Soldat
n'entend rien dans le procédé Philosophique. C'est avec le sabre qu'il résout les
problêmes d'Archimede.

PAZZ. Quand les Princes ont lu dans
l'Ecriture, *c'est par moi que les Rois re-*
gnent, j'autorise leurs loix & leurs édits ;
je leur ai confié le glaive pour punir les pré-
varicateurs ; ceux qui leur résistent, trou-
blent l'ordre que j'ai établi, & autres privileges exorbitants ; à quels excès ne se
portent-ils pas ?

(a) Sec. 3.

(228)

ACCORT. Quand les Princes ont lu dans nos Ecritures ; *prenez bien garde à ce que vous ferez, car ce n'est pas la justice des hommes que vous exercez, c'est celle de Dieu ; que la crainte du Seigneur soit avec vous ;* & autres encore plus forts, avec quelle circonspection ne se comportent-ils pas ? Quel est leur respect pour cette justice éternelle qui fera la regle de leurs loix ? Il n'est rien dans la Religion par rapport au Gouvernement des Etats, qui autorise à voter pour sa ruine. Commande-t-elle la tyrannie ? Elle menace au contraire tous les tyrans, du jugement le plus févere. Fomente-t-elle la rebellion ? C'est l'obéissance même qu'elle ordonne, qui révolte l'orgueil Philosophique. La Religion sert de garde au Prince ; elle est l'ame de la société & du Gouvernement ; elle influe dans les détails, & dans la manutention générale ; elle donne ce caractere d'autorité qui impose, aux loix mêmes qui paroissent n'avoir d'autre base qu'une politique humaine. Par-tout où elle ne sert pas d'appui aux loix, il faut nécessairement qu'elles soient aussi féveres que multipliées. Elles sont impuissantes sans les mœurs que la Religion conserve, en veillant sur les crimes secrets, tandis que les loix veillent sur les crimes publics. Les Philosophes au contraire auffi mauvais politiques qu'ennuyeux difcoureurs, menent droit à la tyrannie, en affranchissant les Rois du joug aimable de la Religion ; & les peuples à la fédition, en les déchargeant de l'obligation d'obéir.

PAZZ. Confulte l'hiftoire des Princes remplis de foi, à peine en trouveras-tu un bon.

ACCORT. Tu ne connois de grands Princes que Julien l'Apoftat, & Marc-Aurele le fuperftitieux ; mais quoique vous en difiez, Conftantin & Clovis ne les valoient-ils pas ? & Charlemagne l'ami des Lettres ; & Louis le Débonnaire, Charles le Sage, Charles le Victorieux, Charles le bon, & fi bon fi bon, que pas *une meilleure créature*, & Louis IX, qui a été canonifé, quoiqu'il fût entré dans le fyftême des croifades ? Mettra-t-on dans la lifte des profcrits Henri IV, Louis le Jufte, Louis le Grand, &c. O Philosophes que vous êtes élevés, fi vous ne voyez rien que de petit dans ces Princes !

PAZZ. Si le nombre des bons Princes eft petit, & très-petit, le Philofophe ne s'en prend qu'aux mauvaifes qualités de leurs inftituteurs. Des dévots imbécilles font ceux que l'on choifit pour inftruire les maîtres du monde.

ACCORT. Devroit-on préférer les Philofophes pour répandre dans les cœurs naiffants de nos maîtres, le poifon du fcepticifme & de l'impiété? Je ne croyois pas que Boffuet & Fénelon fuffent des Imbécilles. Je les croyois au contraire au moins auffi propres à l'éducation des Princes, que Séneque & Ariftote. *Télémaque* m'a paru bien fait. Je n'oferois mettre dans la claffe des hommes ordinaires, un Roi qui en pratiqueroit les maximes. Je le regarderois non comme le *valet de fes fujets*, mais comme le pere & l'homme de fon peuple.

PAZZ. Quel droit ont les Princes de donner des Loix?

ACCORT. Qui en donnera, s'ils n'en donnent? *Qui veut le Roi ci veut la Loi?*

PAZZ. Soit : mais il appartient à la nation de juger du mérite des Loix.

ACCORT. Il lui appartient donc de gouverner?

PAZZ. Elle a droit de juger celui qui la gouverne.

ACCORT. Elle eft donc la Souveraine du Souverain?

PAZZ. En lui confiant l'autorité, il a été ftipulé entre lui & la nation, qu'il en feroit ufage à l'avantage de la fociété publique, faute de quoi il en feroit privé.

ACCORT. Dans quel protocole se trouve la minute de ce contrat? Je ne connois qu'un pacte fait entre Dieu & le Souverain, par lequel celui-ci s'oblige à gouverner avec sagesse & équité. L'amour du peuple, du bien public, & de l'intérêt général, est antérieur à tout contrat. Il est la source & la regle de toutes les autres loix. Le Prince doit être le plus soumis des hommes, à cette loi primitive.

PAZZ. Le Prince appartient à l'Etat qui a droit de le déposer, quand il n'en est pas content, & de passer un nouveau pacte avec qui il lui plaît.

ACCORT. Quelle loi exprime le cas où il sera destituable, & nomme les juges pour en délibérer? Qui osera convoquer une assemblée générale, autoriser toutes les classes de l'Etat à y envoyer ses députés, & y citer le chef de la nation pour le voir condamner à remettre son sceptre & son autorité? S'il se trouvoit un fou capable d'une si haute sottise (hé pourquoi ne s'en trouveroit-il pas, puisqu'il en est qui l'insinuent & qui l'impriment?) Le Clergé, la Noblesse, & le tiers-Etat, le seroient-ils au point de concourir à sa manie? Les Philosophes se croient les représentants du genre humain, *nos duo turba sumus*. (*b*) Mais le genre humain se croit-il bien représenté par cette espece de Philosophes ?

> Et tant que j'aurai l'esprit sain,
> Je n'aurai point compris en vain
> La vérité de cet adage
> Qu'on m'inculqua dans mon bas âge,
> Un Plébeyen impunément,
> Ne peut se plaindre ouvertement. (*c*)

PAZZ. C'est ainsi que la flatterie endurcit le cœur des Princes, & leur rétrécit l'esprit. Infatués de leur pouvoir qu'ils croient divin, ils dévorent & écrasent leurs peuples. Les Philosophes qui montrent aux uns & aux autres leurs droits réciproques, sont les vrais citoyens.

ACCORT. Plus de déclamations vagues, nous en sommes rebattus ; moins d'encens, il nous entête. Je crois dans le fond, qu'on a raison des deux côtés. La différence des sentiments n'est fondée que sur celle du principe. Commençons par expliquer le systéme Chrétien. Les premieres familles formerent de petites so-

---

[*b*] Ovide.

[*c*] *Ego quondam legi quàm puer sententiam*
    Palàm mutire plebeio periculum est,
    Dum sanitas constabit pulchrè meminero. Phæd.

ciétés. Habitants d'une terre qui n'avoit point de possesseur, ils en prirent des portions qu'ils cultiverent pour leur subsistance. Après la mort des peres il devoit y avoir des contestations entre les enfants sur la part que chacun d'eux prétendoit à la succession. Nul ne pouvant être juge dans sa propre cause, il fallut en établir d'office qui eussent l'autorité pour terminer les différends. Les familles en se multipliant, formerent de grandes sociétés. Des passions des hommes qui les composoient, résulterent des débats & des querelles. Le plus fort l'emportoit toujours sur le plus foible, quoique celui-ci eût souvent de son côté la justice & la raison. Pour obvier à cet inconvénient, on reconnut un chef qui maintint la paix par des loix sages, & qui défendit ses concitoyens par les armes. On lui donna toute l'autorité nécessaire à ce plan. Celui qui avoit plus de talents fut préféré pour commander aux autres. Il devint le Roi de sa patrie, comme chaque chef l'est de sa famille. Sa souveraineté fut fondée sur les besoins des peuples, & sur les qualités respectives des hommes. Elle est inconciliable avec une autorité qui la regle, la fixe, la corrige ; autrement celle-ci seroit souveraine de l'autre. Son in-

dépendance entre abfolument dans l'ef-
fence de fon inftitution. En fuppofant
que les fujets fe fuffent réfervés le droit
d'examiner, de juger, & de condamner
la conduite de leur légiflateur, on ne peut
fuppofer qu'ils euffent intention de fe
donner un Roi. Ces deux hypothefes fe
choquent, & fe détruifent. Loin de parer aux inconvéniens de l'anarchie, elles
ne feroient que les multiplier. Un trône
incertain, une autorité chancelante, un
pouvoir foumis au caprice, feroit un fan-
tôme dangereux de fouveraineté, parce
qu'il deviendroit le germe conftant des
divifions, & des guerres inteftines. Lors
donc que les nations fe choifirent des
Rois, elles défignerent celui qu'elles
croyoient le plus digne de commander,
& Dieu le revêtit de l'autorité néceffaire
au commandement. Elles ne pouvoient
lui conférer le droit de vie & de mort,
qu'elles n'avoient pas, avant que de former un état; Dieu lui mit en main le
glaive néceffaire au châtiment du crime.
Les Empires font de grandes familles
dont les Princes font les peres, comme
Abraham, & les autres Patriarches l'é-
toient de leur maifon. Leur pouvoir a le
même caractere & la même origine.

Tu civem patremque geras, tu confule cunctis,

Non tibi, nec tua te moveant, sed publicæ
    damna. (*d*)

Quelques couleurs que l'on prête au
contrat social, il sera de l'intérêt, comme
il est du devoir des peuples, de supporter
un mauvais Prince. Quelque pesant que
soit le joug, on l'aggrave en prétendant
s'en délivrer. Pour un tyran dont on se
délivre, il en renaît nombre d'autres plus
tyrans encore. Nos Romains ont estimé
la tyrannie moins fatale à l'humanité, que
les guerres civiles où chaque citoyen est
le tyran d'un autre citoyen. Le pouvoir
des Princes n'est pas néanmoins arbitraire.
Leur élévation qui les flatte est le présage
d'un jugement plus sévere qu'ils doivent
appréhender. Mais ce n'est point aux
peuples à anticiper sur les droits de Dieu.
Ils doivent le bénir sous Titus, & se
soumettre sous Néron. C'est le même
Dieu dont ils voient l'image dans les différents Princes qui les protegent ou qui
les tyrannisent.

Ces maximes doivent être inintelligi-
bles aux Philosophes qui ne reconnoissent
d'autre Dieu que la *nature*, ou la *machine*
de cet univers matériel. Chaque homme

[*d*] Claudian.

ayant sa part dans cette divinité de boue
& de paille, ne peut se préférer à l'autre.
Par in parem non habet imperium. Delà
l'égalité des conditions. Il n'y a donc point
de Roi pour ces *tuteurs du genre humain.*
Ils ne reconnoîtroient de Royauté que
celle qu'ils usurperoient. En le mettant
au-dessus de tous les hommes, ils ne veulent se soumettre à aucun. C'est à des
gens de leur sorte que Tertullien disoit:
l'Empereur est plus à nous qu'à vous,
parce que c'est notre Dieu qui l'a établi,
noster est magis Cæsar à Deo constitutus;
c'est-à-dire, notre Dieu n'est pas le vôtre;
notre Monarque n'est donc pas votre
Roi, parce qu'il est l'homme de notre
Dieu.

Pazz. On sçait que ta Religion a in-
troduit le Despotisme, & qu'elle a chargé
ses Ministres de l'entretenir. La Philosophie vient au secours des peuples, en
leur indiquant les moyens de secouer le
joug de la servitude. Laquelle est la plus
estimable ?

Accort. La Religion resserre les liens
de la paix, en unissant les Princes aux
sujets par un usage légitime de l'autorité
d'une part, & l'exercice de la subordination de l'autre. Sans ce système d'ordre,
il est impossible que les Etats subsistent.

La Philofophie qui renverfe l'ancien plan
pour en fubftituer un fans liaifon & fans
objet, déclare la guerre à toutes les puiffances, & engage les peuples dans les
plus grands malheurs, fous l'appas d'une
liberté mille fois plus pernicieufe que la
plus dure fervitude. Elle voudroit dans
les Rois, ce que Caligula fouhaitoit dans
le peuple Romain, qu'ils n'euffent tous
qu'une feule tête pour l'abattre d'un feul
coup. Qu'elle porte ailleurs fa politique
féroce. La bonté des Bourbons, qui ca-
ractérife finguliérement notre Augufte
Monarque ; le cœur du Français conf-
tamment attaché à fes Maîtres, affurent
aux peres de la nation, les cœurs de
leurs fujets, aux fujets les attentions, la
juftice, j'ofe dire l'amour de leur Prince ;
& aux Philofophes turbulents & féditieux,
l'horreur du genre humain.

Fin du fecond Tome.

TABLE
DES CHAPITRES
Du I^r. & IIe. Tome.

TOME I.

IIe. PARTIE.

TOME II.